U0097781
金星出版
命理生活新智慧・叢書
VENUS PUBLISHING CO.

VENUS PUBLISHING CO.
金星出版
命理生活新智慧・叢書

命理生活新智慧・叢書 125

附 65 個名人命格

法雲居士 著

金星出版社 http://www.venusco555.com
E-mail: venusco555@163.com
法雲居士網址：http://www.fayin777.com
E-mail:fatevenus@yahoo.com.tw

國家圖書館出版品預行編目資料

《巫咸撮要》詳析／法雲居士著，--臺北市：金星出版：紅螞蟻總經銷，2020年[民109年] 第1版　面；　公分—(命理生活新智慧叢書．125)

ISBN: 978-986-6441-72-1 （平裝）

1. 命書　2.生辰八字

293.1　109011781

《巫咸撮要》詳析

作　　者：法雲居士著
發 行 人：袁光明
社　　長：袁靜石
編　　輯：尤雅珍
出版經理：王璟琪
出 版 者：金星出版社
社　　址：台北市南京東路三段201號3樓
電　　話：886-2-23626655• 886-2-25630620
傳　　真：886-2-23652425
郵政劃撥：18912942金星出版社帳戶
總 經 銷：紅螞蟻圖書有限公司
地　　址：台北市內湖區舊宗路二段121巷19號
電　　話：(02)27953656(代表號)
網　　址：www.venusco555.com

E-mail　：venusco555@163. com
fatevenus@yahoo.com.tw
法雲居士網址：http://www.fayin777.com
E-mail　：fatevenus@yahoo.com.tw

版　　次：2020年11月第1版
登 記 證：行政院新聞局局版北市業字第653號
法律顧問：郭啟疆律師
定　　價：400　元

行政院新聞局局版北字業字第 653 號

ISBN：978-986-6441-72-1（平裝）

《巫咸撮要》詳析

序

這篇《巫咸撮要》是出自後人假藉『巫咸』之名而創作的『四柱推命』(八字學)的一篇文章。首先要說『巫咸』這個人，相傳是商代的神巫與宰相。上古時代巫師是最有學問的人，也懂醫術與占星，更精於卜筮，是能直接與上天的天帝與地界的帝君，相互溝通的人。在帝太戊時期，巫咸與兒子巫賢復興商朝。巫咸留下兩份著作《咸艾》與《太戊》。一份是醫書，一份是治理記錄。甲骨文卜辭中有『咸戊』。

《呂氏春秋•勿躬》：『巫彭作醫，巫咸作筮。』《尚書・商書・咸有一德》：『伊陟贊於巫咸，作《咸乂》四篇。』

巫咸撮要詳析

所以說『巫咸』這個人是存在的，而且《巫咸撮要》文中談到子平之法，是故這篇文章絕不是巫咸那時代的文體，可見是假藉之名。

有人懷疑此篇《巫咸撮要》的作者是明代的萬民英。而此篇開頭提到的『天元神趣經』即為其人所作，他只是再加以宣揚而已。

萬民英（1523—1603），字子才，湖廣江夏縣人。嘉靖二十九年（1550年）嘉靖二十九年庚戌科同進士出身。擔任過河南道御史、福建布政司右參議。撰有《三命通會》、《星學大成》等命理書，皆收入《四庫全書》之中，評價很高。這篇《巫咸撮要》既收入《三命通會》卷十，自然為萬民英所著的成分很高。

《巫咸撮要》的內容十分精要廣泛。足以顯露出作者的命理技法之純熟，已極至化境，理論的深度讓人欽佩。他從陰陽開始談，終於萬象。又從格局談到象法，從神煞談到納音五行。這種種變化使人目不暇給。

因此此文並不是一般初學命理的人所能輕易了解領會的。我們也常可在文中看到作者的思緒跳躍，一會兒論天地上下象旺象衰，一會兒論格局與化合及官鬼傷煞，所以必須要八字學有程度的人才能看懂明瞭。不過，此文文體流暢，還算言之有物，可給學命理者綜合各種理氣論點及印證，對『八字』命理學有更進一步的認識。現今我翻譯並解說此篇《巫咸撮要》一文，就是不願其埋沒而少人知曉，更耽誤了對命理好知好學者的學習機會。在此與同好與讀者共勉之。

法雲居士　謹識

命理生活新智慧叢書125

『巫咸撮要』詳析

目錄

巫咸撮要詳析

1. 推命先詳日下

【原文】

天元神趣經云：凡推人命，先詳日下興衰。變用分局，天地方成造化。貴賤明於上下，興衰盡在干支。四時中妙理竅通，五行內榮枯自稟。是以春生甲乙居寅卯，豈怕庚辛。夏長丙丁乘巳午，何愁壬癸。庚辛值兌秋生兮，離火難侵。壬癸逢乾冬降兮，戊己怎剋。土生四季得時而遇鬼，其傷無害。

【解析】

《天元神趣經》中說：凡是要推算人的命運，首先要精詳日元的興衰旺弱。命理的變局、喜用神、五行劃分及方局等條件，還要知道天干、地支相互的影響使其才能得到自然的福氣。人生中經歷的地位高或低，在天干、地支上很明顯的顯示出來。人生的興衰起伏都在天干和地支上展現。

春、夏、秋、冬四時中有很多奇妙的道理及知識，可以讓我們窮盡心力去通曉知道。天地『五行』中旺盛衰弱自己會呈現。就是說：春天生的日主是甲木或乙木的人，（居寅卯）是生於寅月或卯月的人，怎麼會怕庚辛金來相剋。因為庚辛金在寅卯的位置是被囚衰弱，餘寒未盡，需有火來溫暖，才為有用之金。所以此時甲乙木是不怕庚辛金的。

夏天出生的日主是丙火或丁火的人，又生在巳月或午月的人，因為本身自己身旺，又如何會憂愁有壬癸水呢？庚辛金代表西方（值兌：正值西方），也代表秋天生的，離火指丙火，丙火是剋不了金的。

日主是壬水或癸水的，又生於西北及冬天生的，正主水旺的時候，戊己土只能做堤防，導水入海，此時的土是剋不了水的。日主是戊己土又生在四季月（辰、未、戌、丑月，也是三、六、九、十二月）土多的月份，而遇鬼（指官煞甲木），是有剋傷但無害處。因為甲木能疏土，對土反而有益，使土不會變為太硬而無用。

【舉例】

1 日主甲木生于寅月，不怕庚金來剋

庚辰
戊寅
日主 甲午
庚午

日主甲木生于寅月木旺之時為身旺。支上又有寅午雙會火局，有雙庚出干，亦不能危害。庚金官星反而對其有利，主大富貴。專以辰中癸水為用神。

行金水運得富貴。

2 日主戊土生于季月遇鬼(甲木),雖有傷剋但無害

甲午
戊辰
日主　戊申
丙辰

日主戊申生于四季月辰月,有甲丙出干,甲為鬼官,丙危印星。支上申辰兩會水局,辰午夾巳祿。以『財滋弱煞格』來取用神。以癸水為用神。此**為清康熙皇帝之命造**。年上甲木會剋戊土,故父祖早亡,八歲登基。由祖母養大。所以說雖有傷剋但無害。支上的申辰兩會水局,形成極大的財局。幸而他命格本身身旺能任財,辰午夾巳祿,能得祖傳之貴,成為一世之帝王。

2. 五行逢剋要識往來去路

【原文】

設使五行失地而逢剋，其災不愈。又若化格成象，須分衰旺相停，尤宜配合之中，要識往來去路。金絕艮北，火沒乾西。木落坤南而無形，水到巽東而無位。此乃陽干皆死，遇合而以類相從，妻若潛形，但見局中而可決。

【解析】

假使命格中五行失地（是指日主衰弱）又逢到受剋的狀況，就會有災難或病況很久。又如果有化格成象（指有『化木格』、『化火格』（亦稱『炎上格』）、『化金格』（亦稱『炎上格』）、『化水格』（亦稱『潤下格』）、『化土格』（亦稱『稼穡格』）等格，若成格為成象。）必須要分辨是衰弱、或是在旺位，或在相位（剛好及格的位置）。『停』的位置是兩相戰鬥已無益處。尤其在命格中五行要相互適合與配合，要看清楚該命格的五行之氣是往哪邊走的。金絕于東北方（艮為東），火衰沒于西北方（乾為西北）。木默默的衰落乾枯于西南方而不顯露出來。水在東南方因水氣衰弱沒有位置。這四種現象都是因為全是陽干在死位之故。遇到可以相合的就以相類的氣來相從。『妻若潛形』是指相從的五行之氣若隱身，就以命局中化氣或相合之氣來論定。

【舉例】

1 化格成象・化木格

己卯
丁卯
日主　壬午
甲辰

日主壬午生於卯月，干上有丁壬相合化木，支上有雙卯，並有甲木之神透出，此為『化木格』。日支午中有丁火傷官。木遇傷官吐秀。四柱無金來剋，格局完整純粹。用神用丁火。運行東方主貴，金運不吉。

2 金絕艮北・遇合而以類相從

丁卯
壬寅
日主 庚午
丙戌

日主庚午生於寅月，是金絕艮北（寅為艮方）。干上有丙丁，支上有寅午戌會火局，年支卯木為財。干上又有丁壬相合化木，財生煞旺，木從火勢，故以類相從，為『從煞格』。

3. 化氣入格顯貴，失局有傷

【原文】

陰生四正時旺者，身貴家榮，死絕墓衰類傷干，尤為不足。化氣入格不破，大顯貴者十有八九。化氣失局有傷，論顯榮者萬無二三。最高最貴者，居旺處三位須要相扶。至賤至貧者，居衰處四柱難尋造化。

【解析】

日主是陰干（乙、丁、己、辛、癸日），生於四正時（子、午、卯、酉時）居旺的人，是出身高貴、家裡興榮的人。若是日主五行之氣在死、絕、墓、衰的位置，與剋傷天干類同，是非常不足取貴的。命局中有化氣格局不被沖破的人，有八、九成的人會有大成就與貴顯。化氣格局不能成局，化而不化，有傷剋，若要論其人生的貴顯與興盛是萬中無二、三的。

通常人生成就最高、地位最顯貴的人，是命格日主居旺，且命局前三位（年柱、月柱、日柱）是需要有印星相扶助的。這樣才易主貴顯。地位最低賤、最貧窮的人，是命格日主居衰陷之地，而且四柱上很難找出好格局來。

『死絕墓衰類傷干』一句，五行之『死絕墓衰表』如下：

金	水	土	火	木	
子	卯	卯	酉	午	死
寅	巳	巳	亥	申	絕
丑	辰	辰	戌	未	墓
戌	丑	丑	未	辰	衰

※『東西南北卦位圖』

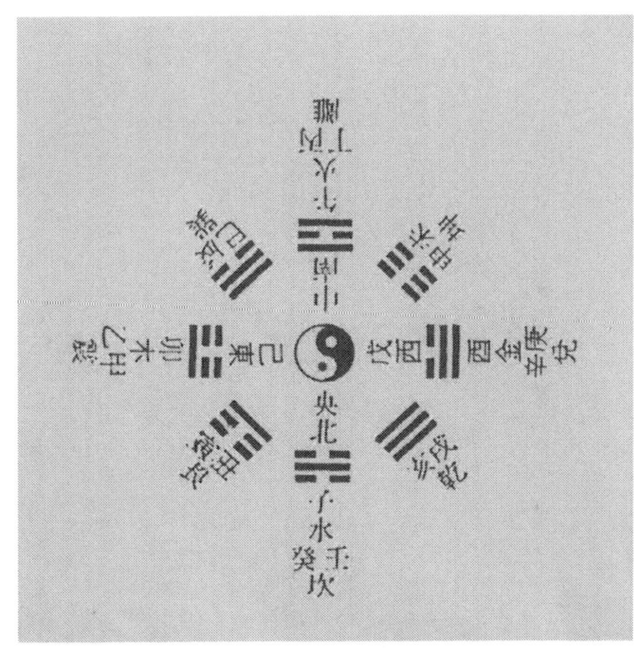

【舉例】

1 陰生四正時旺者，身貴家榮

己卯
甲戌
日主 乙亥
己卯

日主乙亥生於戌月卯時，支上有卯亥會木局，乙木身旺，干上有甲木出干及兩己，身財兩旺，四柱無火，但必須藉食傷通關，用戌中丁火洩木生財為用神。丁火是通關要素。午運主貴大發。

2 化氣失局有傷・化氣格的破格

壬辰
丁未
日主 甲子
己巳

日主甲木生於未月，支上子辰會水局。干上有丁壬相合化木，及甲己相合化土，兩者都化不成。全局木剋土，土又剋支上的水局，因此為『破格』。

尚有子未相穿，子巳相刑。六親不合。

4. 象成旺用，四柱無傷，直列朝廷

【原文】

象成旺用，四柱無傷，直列朝廷之上。支中畏懼，亦須聲譽非貧。運至衰鄉，必主災咎化成。造化各居於衰墓絕鄉，象成雜局，遇合猶如不遇。夫行旺運，妻乃從夫，妻運扶持，夫從妻論。

【解析】

日元的五行之象在地支當中（是指日元能通根到地支），可以配合的要用元素在天干上。能成為五行之象（金木水火土），又要居旺有用，都是長生於火土之中的。例如寅中有火土長生。倘若這種命格在四柱上沒有傷剋，

可一直扶搖直上在政府做官。倘若支上衰弱，也要聲譽好，才能撐得住。人運氣到衰竭的時候，必然有災難、做錯事等事發生。人生的變化每個都在運氣走到衰氣、墓氣、絕氣的地方。如果五行之象成為雜局混亂現象，遇到『化合』的時候，倒不如不遇『化合』。因為有時候會把重要的用神合走了，反而不妙！在命格中，主要的五行之象在走旺運之時，而次要的五行之象則依從主要的五行之象。如果命格中是次要的五行之象居旺在扶持主要的五行之象，就以次要的五行之象為準為重要了。（這裡所稱的夫與妻，乃是首要與次要的五行之象。）

【舉例】

1 造化各居於衰墓絕鄉，象成雜局，遇合猶如不遇

甲子
乙亥
日主 己亥
己巳

日主己亥生於亥月巳時，己土在亥為官位，日支亥與時支巳相沖剋，且為劫煞、亡神。年干甲與時干己相合，是為合煞，主其人被殺死於非命。所以遇合猶如不遇。

2 妻運扶持，夫從妻論

丁丑
丙午
日主 乙卯
丁亥

日主乙卯生於午月，日主乙木自坐卯祿。年支丑中藏癸，時支亥中藏壬。丑亥夾子，丑中辛金能生水，使乙木根枝潤澤繁茂，因此不懼干上的丙丁火，成為木火通明之象。此亦為妻運扶持，夫從妻論。專用癸水為用神。

5. 己身臨鬼，要識榮枯貴賤

【原文】

己身臨鬼，須明天地之中象旺象衰，要識榮枯貴賤。身衰鬼旺，應須肢體傷殘。身旺鬼衰，定作凶徒之命。鬼身皆衰，男必飄蓬，女必師尼。伏身潛匿，自居高名，月氣相傷，此乃伏象，官鬼皆全，遐齡不遂。干中破敗，乃有技藝以隨身。支乃生全，難仗六親而獨立。

【解析】

『己身臨鬼』是指日元被官煞刑剋。必須弄明白天干地支中五行之象的旺衰狀況。就能看其人一生的興榮或衰枯、高貴或低賤。如果本身日主衰弱，而官煞強，要小心自己的身體有傷殘現象。自己日主強旺，鬼煞衰弱，會是做凶徒惡人之命。日主和鬼煞都衰弱，男子必是會漂遊四海為家，女子會做尼姑師父。如果日主五行之象能在支上潛藏，自然能有大名氣。月支對日主相刑剋，這就是隱伏之象，官星與鬼煞都有，要想長壽是不可能的。天干上彼此相破相敗刑剋不止，是會有技藝隨身混口飯吃。地支有四個長生都全的，如有寅（火土長生）、申（水長生）、巳（金長生）、亥（木長生），是難以倚仗親人而獨立成功的人。

※**伏象**：命格四柱中財官印殺，不通月氣，不曾透露，隱於地支人元之中，無形而離明之謂伏象。

【舉例】

1 官鬼皆全，遐齡不遂

壬辰
甲辰
日主 戊辰
丙辰

日主戊辰生於辰月辰時，有七煞甲木出干，地支四辰中有官星，這是鬼官都有的局面，遐齡不遂，生年只有三十五歲。這是日本名作家寫《羅生門》的芥川龍之介的命格。到三十五歲的大運戊運時，合去用神壬水而夭亡。服食過多安眠藥死亡。

2 支乃生全，難仗六親而獨立

己巳
壬申
日主 甲寅
壬申

日主甲木生於己巳年，支上有寅、申、巳是『寅申巳亥』一組四長生之地。但己年見寅申為亡神、劫煞。巳年見申為吞噬煞。己年見申又為天乙貴人。但在月柱、日柱、時柱有三重亡劫。三刑四沖，氣勢分散。貧薄之命而已。

6. 五行化象皆在十二支中

【原文】

五行屬於其象，皆在十二支中。先分南北與東西，次看三合內別認。詳六親者，從象而推之。審富貴者，官祿而兩說。有祿盛者，鰥寡孤獨。有官鬼者，殘疾夭壽。身如顯化，自身無氣，本性全虧，假五行成象。平生窘迫，豈得祖宗之財。顯福顯盈，因犯別房父母。從象論引用為氣，化象論天地相停。從中有貴有賤，化內有富有貧。從中貴顯得時而位列朝中，化內成局運轉而成封帝側。從象衰而至老驅驅，化象伏而平生碌碌。

【解析】

在命格中五行金木水火土屬於其化象，而這些因素都在十二地支當中。先要分是南、是北、是東、是西，再看三合關係認清。如果要看六親關係的，便要從化象來看來推算。如果要審查富貴有多少的人，要看其人的官星與祿星兩路說法。有祿星較強的人，可能會成為鰥夫寡婦孤少獨老之人。命格中有官煞鬼害的人，會殘疾早夭不長壽。命格本身如有明顯的化氣格，而自身無氣，是自己本性之氣全然虧損，而假以五行成象。平常一生都窘迫窮困的人，豈可能得到祖先的遺產。如果有的話，明顯的福氣和明顯的錢財盈滿，都是因為過繼給別人，拜別人為父母所得到的。命格上從五行之象的論點來導引為氣，以化象的論點來談天干地支相對均等或抗衡。從格之中有變化會顯出有高貴、有低賤的命格。在化氣格局中有富有的人與有貧窮的人。如果命格為『從格』中現象，就會地位高貴的洽如其時而在政府任職。如果化氣成局，運氣也轉好，可在高級領導者身旁工作。從五行之象變衰弱到老，化氣之象低迷，可見其人庸庸碌碌一生，沒有發展。

【舉例】

1 身如顯化，自身無氣，本性全虧，假五行成象

甲午
丁卯
日主 丁卯
丁未

日主丁火生於卯月，但二月生之丁火，本來就不旺。算是身弱，自身無氣。干上雖有三丁，丁祿在午，支上卯未會木局。午未缺『巳』無法成方局。因此不能助火。仍以『丁火』為用神。運行東南木火之鄉主貴。但忌西北金

水運。此為『假炎上格』。

2 化內成局運轉而成封帝側

戊辰
壬戌
日主 甲辰
己巳

日主甲木生於戌月，值土旺乘權之時，干上有戊土出干，又有甲己相合化土。四柱支上辰戌巳中都是土，化氣有餘。格局純正為『化土格』。亦不見有其他的土來剋。以巳宮丙火為用神。行運以火土運為吉，水土運及東北運程不吉。三十五歲走丙運時大發主貴。能作高級政府官員。

7. 專論財官以月上最為緊要

【原文】

又曰：看子平之法，專論財官，以月上財官為緊要，發覺在於日時，要消洋於強弱。論財官不論格局，論格局不論財官。入格者非富即貴，不入格者非貧即夭。一格二格非卿即相。三格四格財官不純，非刑卒多是九流。

【解析】

又說：以子平之法看命，專門以看財、看官來論，專以月柱上的財、官最為要緊。如果發覺財官在日柱或時柱上，要消減一些財的強弱之分。在論命格的財官強弱時，是不論格局的。若論格局就不論財官的旺弱。命格能入為格局的人不是富者就是地位高的人。命格沒有格局或不成局的人容易貧困和夭折。命格中有一種格局、二種格局的人能做政府高等首長。若是三種、四種格局及財官不純正的人，容易是九流之人或監獄法院的執刑之人。

【舉例】

1 專論財官，以月上財官為緊要

戊申
辛酉
日主 丁巳
辛丑

日主丁火生於酉月，酉是丁的財地，地支上巳酉丑會金局，又是財局。天干有戊土、辛金，會幫扶財星。此時日干無氣。因此以『從財格』論。用神為財星辛金。

2 論財官不論格局，論格局不論財官。入格者非富即貴

乙亥
乙酉
日主 乙亥
乙酉

日主乙木生於酉月，酉為煞星，原為『七煞格』。有四乙出干，支上酉亥夾『戌』。戌為乾土，也為財星，比喻為山丘。此為『夾邱格』。此命格地支兩清，天干一氣。四柱無癸。暫且用亥中『壬水』作用神。

8. 官怕傷，財怕劫

【原文】

官怕傷，財怕劫。印綬見財，愈多愈災。傷官見官，原有者重，原無者輕，重者遷徙，輕者刑責。年上傷官，父母不全。月上傷官，兄弟不完。日上傷官，難為妻妾。時上傷官，子孫無傳。歲月傷官劫財，生於貧賤之家，或是庶出。日時傷官劫財，傷損子孫，主無晚福。

【解析】

官星怕刑傷，財星怕劫財（傷官、劫財都不吉）。印綬見財星，遇見愈多災禍愈多。因為印與財是相剋的，印能制財。傷官見官星（正官），原來命局中就有的，會災難重。原來沒有的，是行運遇到的較輕。遇傷官刑剋嚴重的人會受到遷徙的罪。輕的人會有刑責。在年柱上有傷官，父母不全會少一個（多半是父先亡）。月柱上有傷官，兄弟有刑剋，不完全。日柱上有傷官，易無妻妾，或妻妾逃。時柱上有傷官，易無子孫。年柱或月柱上逢傷官或劫財，會生於貧苦低賤的人家。或是庶出妾室生的。日柱和時柱有傷官或劫財，會刑剋子孫、絕嗣，主沒有晚福，老年困苦。

【舉例】

1 年上傷官，父母不全

庚申
丁亥
日主 丁未
庚戌

日主丁火生於亥月，亥中有正官、正印，屬於『正官格』。地支上亥未會木局，又是印局。天干有兩庚一丁，庚金是正財。目前四十歲正在走癸運官運，努力打拼才有錢。因年支申中有戊土傷官，父早亡，父母不全。命格中無其他較好的格局，故是一般平凡人而已。

2 月上傷官，兄弟不完

乙卯
戊子
日主　庚戌
丁亥

日主庚金生於子月，原為『傷官格』。有戊丁出干，庚金生於子月為病死之地，月令水旺洩金氣，有戊己土印綬，則會使水不夠清澈，而致混濁。因此以比劫（庚辛金）作用神。支上卯亥會木局是財局。庚金身旺才能任財。此為**美國高爾夫選手老虎・伍茲**的命格。傷官在月柱，沒有兄弟。2009年己亥土年爆發婚外情與醜聞，2013年癸巳年又爭取到世界冠軍。所以他每到金水年運氣好，因為屬於『金水傷官格』的關係，每到土年就頭腦不清亂搞了。

9. 官煞混雜，好色多淫，小巧寒賤

【原文】

官煞混雜，為人好色多淫，作事小巧寒賤。有財印者吉，無財印者凶。劫財敗財，心高下賤，為人貪婪。正財月令，勤儉慳吝。柱有劫刃比肩多者，刑父母，傷妻妾，不聚財。商賈須觀落地之財，宰相須看得時正祿。七煞梟重，走遍他鄉之客。傷官劫財，瞞心負賴之徒。

【解析】

命格中有官星與煞星相混雜的狀況時，其人為人好色多淫賤之事，做事卻慳吝小氣寒摻卑賤。命格中有財星及印星的人較吉利。沒有財星及印星的

人較凶險。命格中有劫財的人會敗財（損失財），心志高、行為下賤，性格貪報。命格中在月令上有正財的人，會勤儉持家，性格小氣吝嗇。四柱有劫財、羊刃、比肩多的人，會刑剋父母，刑傷妻妾，不容易聚財。做商人、做買賣的人必須要看命格中的落地之財(在地支上的財星)，做大官宰相（今之行政院長）的人要看時柱上的正祿（正財）。命格中七煞（偏官）重，為走遍他鄉之客，到處流浪。命格中有傷官、劫財多的人，是欺瞞多、負心漢、耍賴多的賊徒。

【舉例】

1 官煞混雜，為人好色多淫，作事小巧寒賤

甲戌
丙子
日主 庚午
庚辰

日主庚金生於子月，有甲丙出干、支上午戌會火局，子辰會水局對立，子午相沖，辰戌相刑。屬於『官煞混雜』。為一平常人之命格。私生活不檢點。可做異途武職。以辰中溼土洩火生金作用神。以戊土作用神。

2 傷官劫財，瞞心負賴之徒

戊申
己未
日主　丁未
丙午

日主丁火生於未月，火氣已至竭盡，陰柔而日主弱。干上戊己為傷官、食神。丙為劫財。此命格食傷多而生財。戊年(傷官年)爆誹聞運不佳，為瞞心負賴之徒。未中乙木不能剋土，用虛神甲木印星為用神。

10. 煞刃無制，女多為厄，男犯刑傷

【原文】

重犯奇儀者貴，重犯亡劫者夭。七煞宜制，獨立為強。鬼中逢官，逼迫太甚。明煞合去，五行和氣春風。暗煞合來，四柱刑傷害己。煞刃無制，女多為厄，男犯刑傷。二德無破，女必賢良，男多忠孝。

【解析】

在命格中多次有奇儀（三奇和六儀）在命中主貴顯。多次有亡神、劫煞的人容易夭亡。命格中有七煞（偏官）要刑制，七煞要單獨一個最好、最強。命格中多鬼煞又逢官煞，是受逼迫太厲害了。如果有相合的把明煞合去，就能五行平順，春風得意了。如果暗煞合來，使四柱有刑剋傷害，害到自己。

七煞、羊刃沒有剋制，女子多有災厄，男子多犯官司刑獄之罪和身體受傷。天德、月德二德沒有刑破，女子必為賢良之人，男子為忠孝兩全之人。

※奇儀：即三奇（乙丙丁）和六儀（戊己庚辛壬癸）。

※亡神：八字命局中，以出生年支或日支查四柱地支，見之者為是。如年支為子，地支中有亥，則為亡神。亡神是三合局五行臨官之地。例如：子見亥、丑見申、寅見巳、卯見寅、辰見亥、巳見申；午見巳、未見寅、申見亥、酉見申、戌見巳、亥見寅。

亡神入命，主心神不安、生非起禍。與煞同柱，刑親罹訟。與吉星並臨，韜略深沉。如四柱搭配得當，可獲富貴；如重重相見，必有不測。

※劫煞：以年柱或日柱為主，八字地支見者為是。以申子辰見巳，亥卯未見申，寅午戌見亥，巳酉丑見寅為劫煞。劫煞在十二長生訣中處絕地。亡

神與劫煞呈對沖出現，即巳亥成對，寅申成對。劫煞若與元辰、空亡一起，易為盜，與金神（乙丑、癸酉、己巳）並，好刓刻雕鏃(作雕刻)。若劫煞並凶煞一起剋身，主車馬顛覆、外傷等，劫煞落時柱主子孫愚鈍。

※**七煞**：以日主向後七位為七煞（即偏官）。例如日主甲木，向後七位為庚金，即為七煞。命帶七煞主有威嚴、能掌權。但七煞無制，有意外傷災。

巫咸撮要詳析

【舉例】

1 亡劫帶貴

辛丑
丁酉
日主　乙未
戊寅

日主乙未生於酉月，年柱辛丑土見時柱戊寅土。丑見寅為劫煞。年命和神煞一同長生於寅。辛見寅為貴人。因此為劫煞帶貴。此命格會初犯訟獄而後大發主貴。

2 亡劫三重主凶

己巳
壬申
日主　甲寅
壬申

日主甲寅生於申月，巳年生人見支上有寅申為亡神、劫煞。巳年見申為呑啗煞，巳年見申又為天乙貴人。雖有天乙貴人，但有三重亡劫（月柱、日柱、時柱見之），三刑四沖，氣勢分散，無能為力。貧薄之命而已。

3 煞刃無制，女多為厄，男犯刑傷

丙寅
甲午
日主 丁亥
庚午

日主丁亥生於午月，此為女命。寅年生人見亥為天德。在月柱、時柱有午為陽刃。雖有天德來救，仍有血光之災。有甲、丙、庚出干，甲是印星，炳是劫財，庚是財星。支上寅午兩會火局，又有丙火出干，丁火身旺，庚金(財星)被火剋制，此為『煞刃無制』，女有傷災禍命運不濟之事。男子有受刑剋傷殘之事。也易貧窮受苦。用庚金財星作用神。

11. 財官印食，定顯慈祥之德

【原文】

財官印食，定顯慈祥之德。劫傷比梟，難逃寡惡之名。沖官無合，乃漂流之徒。坐馬落空，是落魄之輩。月令逢沖，過房離祖。官印遇偏，庶出孽生。干頭火烈，堪嗟伯牛之疾。時日沖刑，難免卜商之泣。

【解析】

命格中有財星、官星、印星、食神，會讓其人一定會顯露出生活過得好(慈祥之德指優點)。命格中有劫財、傷官、比肩、偏印(梟印)，其人命運總是無法逃脫孤獨與壞惡的名聲。命格中官星遇沖剋，沒有相合的合局，這是四處飄蕩流浪的人之命格。命格日主坐馬落空亡（指日支為馬又逢空亡），是一生落魄的人。月令逢沖（月支逢沖剋），為過繼給人，離祖棄家的人。命格中有官星、印星遇偏（指有偏官、偏印），是妾生的、小媽生的，沒有名份生的小孩。命格中若天干上火多、火烈，要嗟嘆會生不治的惡疾。命格中如果時柱和日柱沖剋犯刑，則難免有喪子之痛。

※『**坐馬落空**』：申子辰馬在寅。寅午戌馬在申。亥卯未馬在巳。巳酉丑馬在亥。驛馬和空亡落在同一柱內稱為『坐馬落空』。

※『**伯牛之疾**』：伯牛為孔子弟子，姓姬，名冉耕（約西元前五五四年至？）世稱冉伯牛。以德行與顏淵並稱。《論語》卷三《雍也》：伯牛生了癩瘡，當時是不治之症，孔子去看他，從窗口伸手握住他的手說：『失去這個人，是命中注定的吧！這個人竟會得這樣的病啊！』『伯牛之疾』就是指不

治之惡疾。

※**『卜商之泣』**：卜商（公元前五〇七年—公元前四百年），字子夏。尊稱卜子（夏），南陽人，孔子弟子，十哲之一。子夏晚年，因喪子而哭之失明，離群索居。故『卜商之泣』就是喪子之痛的典故。

六甲空亡表

										空亡
甲子	乙丑	丙寅	丁卯	戊辰	己巳	庚午	辛未	壬申	癸酉	戌亥
甲戌	乙亥	丙子	丁丑	戊寅	己卯	庚辰	辛巳	壬午	癸未	申酉
甲申	乙酉	丙戌	丁亥	戊子	己丑	庚寅	辛卯	壬辰	癸巳	午未
甲午	乙未	丙申	丁酉	戊戌	己亥	庚子	辛丑	壬寅	癸卯	辰巳
甲辰	乙巳	丙午	丁未	戊申	己酉	庚戌	辛亥	壬子	癸丑	寅卯
甲寅	乙卯	丙辰	丁巳	戊午	己未	庚申	辛酉	壬戌	癸亥	子丑

【舉例】

1 劫傷比梟，難逃寡惡之名。沖官無合，乃漂流之徒

乙卯
戊寅
日主　丙申
丁酉

日主丙申為『日照崑崙』，生於寅月，有梟印。干上有乙丙丁三奇出干。正印、食神、劫財都有。支上寅是梟印，申是偏財，寅申相沖。卯是正印，酉是正財，卯酉相沖。故一生不富。**此為物理學家愛因斯坦的命格**。又因寅卯代表東方，申酉代表西方。能以專業名揚四海。日支申中有官星壬水，寅申相沖，是『沖官無合』，他經歷兩次世界大戰，原是猶太裔德國人，後落腳入籍美國。也成漂流之人。

2 干頭火烈，堪嗟伯牛之疾

乙未
戊寅
日主　丙辰
乙未

日主丙辰為『日經天羅』。太陽經過此處會有一些滯殆現象。生於寅月，有梟印。四柱梟印比劫多。有戊土出干，兩乙柔弱不能剋土，支上寅辰夾卯成東方木局。更增火旺。辰中癸水又是水墓。故在56歲胰臟癌而亡。

這**是蘋果手機創辦人賈伯斯的命格。**

3 時日沖刑，難免卜商之泣

壬戌
癸丑
日主　戊子
戊午

日主戊子為『蒙山』。易經曰：『山下有泉曰蒙。』以山下有泉水，空靈而響聲清徹之意。生於丑月，有壬癸出干。戊癸相合化火。支上有午戌會火局、因此戊癸化合成功。61歲庚運時大發為中華民國總統。**此為前總統李登輝命格**。因日支與時支沖剋，有卜商之泣(喪子之痛)。

12. 有文無印，有印無文

【原文】

六虛臨於乙亥，孟浩然徒有文章。三才會之壬辰，石季倫恣情金玉。有文無印，賈誼屈于長沙。有印無文，李斯專于上蔡。

【解析】

命格中日元是六陰干(乙、丁、己、辛、癸)，生於乙亥月，因水多木旺，缺陽火丙火，濕木難發。孟浩然空有才名但無富貴。在年柱、月柱、日柱上遇到有壬辰相會。石季倫可任意揮霍財富。因其人生於己巳年。只有丙年、辛年才會在月、日上有壬辰。此文作者以『壬水是己土的財』，因此主富。

賈誼有文才但命中無印星，因此不能掌權，只能在長沙屈居太傅。李斯的命格中有印星能掌權但無文才，故從上蔡起走專權的路子。（這幾個例子是四柱推命常舉的例子，大家把典故弄懂了就不難了。但因為這些古人並未有正確的八字留下，故只是遙傳而已。）

※**三才**：通常指天才、地才、人才。天格、地格、人格。但在此文中應指年月日柱。

※**孟浩然**（西元六八九年至七四零年），唐代田園詩人，與王維並稱『王孟』。年四十游京師，因其詩有『不才明主棄』，讓唐玄宗不滿，失去在朝廷任官的機會。生於己丑年，生日不詳。（己丑年有乙亥月）

※**石季倫本名石崇**（西元二四九年至西元三百年）生於己巳年，字季倫，魏晉時人。其人好學不倦，任俠而行為不檢點，任荊州刺史時，搶劫商客以

巫咸撮要詳析

此致富。後因趙王司馬倫發生政變，其黨羽索要石崇的愛妾綠珠，後被殺。

※**賈誼**（西元前二百年~西元前一六八年），西漢時雒陽人。當過長沙王太傅，故世稱賈太傅、賈長沙。漢文帝時任博士一職，政論上疏及辭賦多篇。後漢文帝拜賈誼為自己愛子梁王劉揖的太傅。漢文帝十一年（前一六九年）梁王墜馬而死，賈誼自認沒有盡責輔導梁王，終日哭泣，第二年憂鬱以終，享年三十三歲。

※**李斯**（前284年~前208年），字通古，楚國上蔡人，是秦朝著名政治家、書法家。李斯和韓非師從荀子學帝王之術，後成為諸子百家中法家學說的代表人物。李斯學成後進入秦國，秦王政採納其計謀，遣謀士持金玉遊說關東六國，並離間各國君臣，在秦滅六國之戰的事業中起了很大作用。秦統一天下後，李斯參與了秦朝諸多制度建設，對後世影響很深遠。後被趙高所害，誅滅三族。

【舉例】

1 六虛臨於乙亥，孟浩然徒有文章

己未
乙亥
日主 己酉
己巳

這個命格和孟浩然一樣都是有乙亥月的。其實甲年和己年都會有乙亥月。此書作者只是要強調陰日、陰月的條件下很需要丙火陽火來焠爌取貴。孟浩然恐怕缺的就是丙火。

日主己酉為『為了種植稼穡植物所堆積有營養的土』，生於乙亥月，有正財和七煞。干上有二己一乙出干。支上亥未會木局，巳酉會金局。丙火藏於巳中，用木疏土，用火暖土。此命格火土金皆完備，故有一定的富貴。

2 有文無印，賈誼屈于長沙

丙寅
甲午
日主 甲戌
辛未

日主甲戌為『生長在土堆中的松杉之木。需厚土培植。』木為文。木之印星為水。此命格有甲、丙、辛出干，支上寅午戌會火局，四柱無水。此命格若為男命，即為傷官格。無庚金，辛為丙制。甲木為朽木，刑剋極重。為貧賤之人，聰明但無行。用午中丁火為用神。這是『有文無印』，類似賈誼屈於長沙，也是窮困的狀況。

再看另一例有壬水印星相助，則有聲名(有文有印)

戊辰
戊午
日主　甲申
庚午

日主甲申為『巨木被砍斷後落入水中之木。』此為枯木有水滋潤，與金石一樣硬。木為文。木之印星為水。『有文有印』則為命主為木，有水來救助。此命局中有雙戊一庚出干，支上辰申會水局，辰午夾巳，巳中有丙祿、戊祿及庚長生。申午夾未，未見甲為貴人。有暗貴。這是1994年諾貝爾數學獎得主小約翰‧富比士‧奈許(John Forbes Nash Jr.)的命格。他是美國數學家，前麻薩諸塞理工學院摩爾榮譽講師，主要研究賽局理論、微分幾何學和偏微分方程。晚年為普林斯頓大學的資深研究數學家。有兩次婚姻。1959年至1970年有精神疾病。後好轉。

因日柱配偶之位有印星壬水，故受妻子長期照顧。86歲亡故。

13. 時日空亡，難為妻子

【原文】

刑多者，為人不義。合多者，疏背皆親。合多主晦，沖多主凶，辰多好鬥，戌多好訟。辰戌魁罡，多凶少吉。時日空亡，難為妻子。背駝驛馬，離別鄉土。混雜官煞，奔走衣食。印綬遭傷，名利成敗。

【解析】

命格中刑剋多的，會做不義之人。命格中有相合多的人，會不管親或疏、好和壞的人都很親。命中相合格局多的(指兩個以上)，主運氣暗晦。命格中沖剋多的人主凶悍。支上辰多(兩個以上)的人，其人好鬥。支上戌多(兩個以上)的人，其人喜好打官司訴訟。因為辰戌是魁罡之星，是凶事多吉事少的。時支和日支遇到空亡，可能結不了婚，妻和子都沒有。有駝背的人命格帶驛馬，會離開家鄉，外出打拼。命格中官煞混雜的人，一生為衣食奔走，不富裕。命中印綬星遭到刑剋受傷的人，一生起起伏伏，成敗難定。

【舉例】

1 合多者，疏背皆親。合多主晦，沖多主凶

癸亥
丙辰
日主　辛未
丙子

日主辛未生於辰月。干上兩丙爭合，年干有癸破丙。支上有亥、子皆為癸之根。支上又有子辰會水局，亥未會木局。以亥中壬水為用神。仍有小富貴。但時支和日支子為相穿，後嗣難保。

2 辰多好鬥，戌多好訟。辰戌魁罡，多凶少吉

丙寅
戊戌
日主　戊辰
己未

日主戊辰生於戌月。此命為『猛虎巡山格』。主貴，生於虎年，戊戌為魁罡演武之山。戊辰為蟠泉吐穎之山。生於九月得火為貴。有丙出干，支上寅戌會火局，癸藏辰支，專以己土為用神。脾氣暴躁。

14. 天廚逢梟，食祿虧盈

【原文】

天廚逢梟，食祿虧盈。傷官遇羊刃劫財，營食終日區區。正富逢七煞剝傷，求生一世忙忙。財官招上貴之憐，煞傷慮小人之恥。官無衝破，爵祿獨顯，財少傷劫，名利雙全。

【解析】

天廚星遇到梟印(偏印)，吃食財祿會不夠豐盛，容易餓飯。命格中有傷官遇到羊刃及劫財，是終日等著吃飯區區沒有能力的人。正財逢到七煞(偏官)來剋剝傷害，一輩子為求生活忙忙碌碌。命格中有財星、官星都有的人，會讓老闆、上司或地位高的人憐惜，給與職位或賺錢的路子。命格中有七煞、傷官的人，要小心會犯做小人之罪惡，會得到恥辱之災。命格中官星沒被沖破，就會有高等地位和財祿會顯示出來。命格中有財星，而缺少傷官和劫財的人會是名和利都有的人。

※**天廚星**：古歌云：『食神逢祿號天廚，衝剋空亡官煞無。』食神本身是善飲食之星，逢到祿星，自然食多豐富，山珍海味。偏印為梟神、梟印，梟印會剋害食神及祿星和財星，是故天廚逢梟，食祿會虧損。

【舉例】

1 傷官遇羊刃劫財，營食終日區區

甲辰
癸酉
日主 庚辰
丁亥

日主庚辰生於酉月。干上有丁甲出干，庚金逢酉刃(羊刃)，癸水為傷官，辰有相合化金，可惜支無丙火，主武貴，中貴而已。以丁火為用神。行南方運為吉。也算營食終日區區。

2 傷官遇羊刃劫財

甲午
癸酉
日主　庚辰
甲申

日主庚辰為『水師將軍。』命局中必有酉刃。須再有庚金多的命局，財能有果毅的性格指揮兵將。有雙甲一癸出干，可惜無丙火。支上辰有會金局，有午破酉。辰申會水局。**此為日本首相安倍晉三的命格**。2007年丁亥年曾為首相。2012年壬辰年48歲再度為首相。安倍晉三的外祖父岸信介也是首相。從小在政治家庭長大培育。命格中癸水是傷官，酉是羊刃，甲是偏財。申中有比肩、食神、偏印(梟印)，現今身體健康較弱，可能在比劫運中不保。安倍晉三的紫微命格是『紫微、破軍化權』坐命丑宮的人。

15. 官是扶身之本，財為養命之源

【原文】

官印在刑囚之地，心亂身忙。日時在鬼墓之鄉，憂多樂少。福不福，恐吉還遭傷。成不成，是格中帶煞。財官兩旺兮，主持節鉞。煞刃交顯兮，掌握兵權。官是扶身之本，官在長生須富學。財為養命之源，財逢旺處足錢帛。財官印綬，三吉不可不逢。劫刃傷煞，四凶不可不畏。

【解析】

在命格中，官星和印星都被刑剋，是一個心裡很亂，身體很忙的人。若命格中日柱和時柱是剋煞多與在四墓之地(辰、戌、丑、未)的人，其人會憂愁多、快樂少。命格中有沒有福氣，可能雖吉利但還有傷害。人生成不成功，

巫咸撮要詳析

要看格局中有無帶煞星。命局中財星與官星都居旺地的，能夠掌權大刀闊斧的幹事。命格中有煞星和羊刃都明顯居旺的，會掌握兵權。官星是扶持身旺的根本。官星在長生之地時必須要學問好。財星為蓄養生命的源頭。財星居旺時錢財富足。財星、官星、印綬三星是三位吉星不可以不碰到，是必須要有才會生活富裕。劫財、羊刃、傷官、煞星是四凶星不可不小心。

【舉例】

1 官是扶身之本。財為養命之源

壬辰
丁未
日主 乙亥
癸未

日主乙亥生於未月。乙亥為寄生他木之植物，死處逢生，而有依附。干上有丁壬相合化木。支上亥未兩會木局。有癸水梟印出干。四柱無丙、庚，是一生不實在且虛偽的人。庚是官星，無庚制木，為敗德、好酒色、無品行之人。64歲甲運（劫運）登基為泰國國王。**此命格是泰王瓦吉拉隆功（拉瑪十世（Rama X））的命格。**

2 財官兩旺兮，主持節鉞

己未
辛未
日主 壬辰
甲辰

日主壬辰為『壬騎龍背』。辰為龍。最好支上要有亥子，更要甲庚坐於寅卯之上，龍才會活潑的升騰，有風雲際會的人生。但此命局有己土、辛甲出干。支上雙未，雙辰，正官、正財、七殺、食神都有，是真正的財官兩旺，有主持節鉞之大材。**此命格為郝柏村將軍的命格**。享年百歲。

16. 貴人若逢祿馬，豈只金章

【原文】

印臨天乙，受盛世之封。財藏官庫，蓄希異之寶。三奇貴人見生時，館學清華世所稀。貴人若逢祿馬來，設使金章未為足。官貴若逢財官助，重犯奇儀須宰輔，不作蓬萊三島客，也須金殿玉階行。

【解析】

在命格中有印星剛好是天乙貴人，會在興隆的世代有崇高地位。命格中有財星居官祿庫位如辰、戌、丑、未四庫位者，家中會積蓄希世奇珍異寶。命格中有三奇(乙丙丁)為貴人在生時上的人，是命格珍稀少有的在國家級學術研究院清貴之人。命格中的貴人若又逢祿馬一起，即使掌握國家金印都不止的。官星的貴人若又逢到財星來相助，多次有三奇及六儀的人會做宰相輔助國政。不去作飄流仙島的瀟灑隱士，也會作國家高階公務員。

※**『印臨天乙』**：在命格中當印星是天乙貴人的，只有年干是乙，天乙貴人是申。申中有壬水是乙木的印星。還有年干是庚，其天乙貴人是丑。丑為濕土能生庚金。是庚金的印星。還有丁年的天乙貴人是亥，亥中有壬甲，甲木是丁火的印星。

天干神煞起例表（以年干橫看）

神煞／生年	祿神	陽刃	天乙貴人	玉堂貴人	文昌	天貴
甲	丙 亥寅	卯	未	丑	巳	己
乙	庚 申巳	寅	申	子	午	庚
丙	壬	午	酉	亥	申	辛
丁	癸	巳	亥	酉	酉	壬
戊	戊 丑子	午	丑	未	申	癸
己	甲 戌卯	巳	子	申	酉	甲
庚	丁 酉辰	酉	丑	未	亥	乙
辛	辛	申	寅	午	子	丙
壬	午	子	卯	巳	寅	丁
癸	未己	亥	巳	卯	卯	戊

※『**財藏官庫**』：指辰、戌、丑、未四庫位有財星。辰、戌、丑、未皆屬土，土為財的話，日主定然是甲乙木了，而支上有辰、戌、丑、未。

※『**貴人逢祿馬**』：『貴人逢祿馬』者，只有乙年逢申為天乙貴人，並

帶祿神。稱為『貴人逢祿馬』。

※**奇儀**：指三奇(乙丙丁)、六儀(戊己、庚辛、壬癸)

※**『三奇貴人見生時』一句**：三奇是乙、丙、丁。在生時上見貴人。必是乙、丙、丁在四柱前三柱上，而時支是申或子。丙在前三柱上，時支是酉或亥。丁在四柱前三柱上，而時支是亥或酉。

【舉例】

1 印臨天乙，受盛世之封

丁卯
戊申
日主　乙酉
乙酉

日主乙酉生於申月。乙酉為有香氣的盆中花木，清香秀麗，可供賞玩。

干上有丁戊、乙出干，申中壬水為『印臨天乙』，且貴人逢祿馬，戊為正財星，酉為七殺，卯酉兩次相沖，故為出家人，命格主貴，為宗教界領袖。**此命格為星雲法師之命格**。戊運要小心！合去乙酉井泉水而有災。

2 三奇貴人見生時，館學清華世所稱

乙酉
乙酉
日主 乙酉
甲申

日主乙酉生於酉月。甲申、乙酉都納音為『井泉水』。此命格四柱上有四干支的水長生於申。乙見申為天乙貴人。三貴聚於申，自得長生。四柱又同在一旬之內。因此此命格主大貴命格。

17. 偏正逢財，倉盈庫滿

【原文】

互祿互馬，共羨黑頭公相。帶刑帶破，終為白麵書生。有印無官，發不在迅速之內。有官無印，難求乎榮顯之名。財官帶印，積玉堆金。偏正逢財，倉盈庫滿。印綬錦鞍勒馬，官貴玉帶金魚。

【解析】

命格中四柱中有互相為祿星，或互相為驛馬的，表示命格中有祿馬交馳的格局，會讓人羨慕做政府公家機關的主管階層。命格中帶有刑剋、格局破的，一生至終為白面書生，只會唸書沒有事業和地位。命格中有印星無官星，會爆發但不會很快，會慢慢地發。命格中有官星無印星，一生難有光榮顯貴的名聲。只能埋頭苦幹的做事罷了。命格中有財星官星帶印星，三者齊備，會有金銀財寶的積蓄富饒。命格中有正財及偏財都有遇到的人，家財萬貫倉滿富饒。命格中有印綬居旺的人，能騎錦繡做的鞍的馬，顯示高貴。有官貴會腰纏玉帶，玉帶上繡著金魚，表示是政府府院階級的官位。

【舉例】

1 財官帶印，積玉堆金

辛卯
辛丑
日主 庚午
壬午

日主庚午生於丑月。庚午為『已煉好成物品之金』。因剛煉好，故急須要水來淬礪剛硬。因此命局四柱要有水才好。今命局中有二辛一壬在干上，支上丑卯夾寅，寅與午暗合火局。使壬水無根。今年68歲，正在甲運財運當頭的時候，運氣大好。財官帶印。積玉堆金的時候。此命格是大陸與美國經濟談判的主要對手，為**大陸國務院副總理劉鶴**的命格。

18. 三刑六害衝擊者，難得崢嶸

【原文】

凶莫凶於羊刃，禍莫禍於傷官。運逢羊刃劫敗，財物耗散。羊刃倘同生旺，閫外持權。傷官被合，妨妻害子。傷官帶刃，剋爺損娘。官藏煞見，定招非橫之災。煞沒官明，當膺藩輔之柄。少樂多憂，官星又帶劫財。骨肉分離，孤鸞再遇傷煞。三刑六害衝擊者，難得崢嶸。孤辰隔角重見者，多主貧夭。享用見成，出門便行財祿。一生寂寞，行運與命分張。有官而不食祿，月上正官被傷。有財而不得享，柱中正財分奪。祿馬先逢於生月，陰德榮華，吉日時再見財官，此乃遇而不遇。

【解析】

在命格凶的部份最凶的莫過于羊刃星了，有災禍的問題最禍害的莫過于傷官星了。當運氣(包括大運、流年)逢到羊刃的運氣時會被劫財破敗，財物損失消耗散盡。羊刃如果在生旺之氣的地方，雖被捆綁住也會手握權力。命格中如果傷官被合去，會妨礙妻子(夫妻不和或不婚)，害到子女(無嗣或子不肖或子早亡)。傷官帶羊刃，會剋害父母，父母早亡。命格中官星藏起來看不到，煞星卻很明顯看到，一定會有是非災禍發生。命格中煞星沒有，官星(正官)很明顯，必會被薦選為地方輔政的長官。快樂少憂愁多的人，在命格中是有官星又有劫財的人。本命是骨肉分離的人，命格中會有孤鸞星和傷官七煞。因為有三個刑剋和六種傷害衝擊，其人一生都沒法成功及出名。

在命格中有孤辰及隔角煞都有的人，多半主其人貧困早夭。人一生過得很舒服，享受用度都是現成的，出門便能賺錢花錢。一生是寂寞的人，是行大運走到孤寂和化忌的運程，和命格本身分別乖張以致。命格中有官星而沒有食神、祿星，是月柱上的正官被傷剋了。命格中有有財星而沒法享受，是柱中的正財被爭奪。命格中在月柱上有祿星及驛馬，這是有暗中的德行帶來榮華富貴。命格中如果日柱時柱都吉利，又有財星官星出現，這是千載難逢的好命格。可能會能遇到又錯過。

※孤鸞：八字神煞之一。又名呻吟煞，主要論男女婚姻之事。犯孤鸞煞主夫妻感情不好，婚姻不順。

※孤辰隔角：孤辰、寡宿也叫做隔角煞，又叫絕情煞。男怕孤辰，女怕寡宿。與六親、夫妻，子女緣分淡。

隔角煞：日支與生時同看，日支與生時隔一位者即是。如子日前面隔一位是寅字，丑日前面隔一位是卯，寅日前面隔一位是辰。以此類推…。

【舉例】

1 傷官帶刃，剋爺損娘

庚戌
乙酉
日主　庚子
甲申

日主庚子生於酉月。酉為羊刃。子為傷官。為『傷官帶刃，剋爺損娘。』

此為至聖先師孔子的命格。出生即無爹，少年時母親過世。還有子酉相刑，中年出妻。日主庚子為倒掛懸吊於空中的鐘磬。鐘裡面是空的，敲起來聲音才會響亮。適合坐於死絕之地上，若有子未相穿，或子午相沖，遇到受衝擊的運程，則會有名揚四海的聲譽。

今命局中日主庚子生於酉月，干上有甲、乙木出干是財星。支上子申會水局是印局。干上甲乙木會生官煞，為『陽刃駕煞格』。用戊中丁火為用神。主其人有耿介忠良之德行。有庚剋甲，傷了財星，故不富，以文貴為主。

2 傷官帶刃，剋爺損娘—另一例

庚午
乙酉
日主　庚子
壬午

日主庚子生於酉月。月支為陽刃，日支為傷官。此**命格為清權臣和珅**之命格。幼年窮苦，二十歲前失去父母。四十歲前運不開。命格中乙庚相合，日主庚金戀財而不顧官星，貪財忘官，為有權謀之奸佞之人。日時子午相沖，故不善終。以午中丁火為用神。

3 孤辰隔角重見者，多主貧夭

癸卯
丁巳
日主 癸卯
辛酉

日主癸卯生於巳月。巳為卯的孤辰星，年月日支上卯巳兩逢隔角煞。還有卯酉相沖。干上有癸水制丁，又有辛金出干，不被丁傷，支上巳酉會金局。辛金亦得祿於酉。用辛金作用神。滋助日主。此命格45歲癸運才順利。但妻子兒女仍不吉。

19. 木盛無金，雖仁不成造化

【原文】

又曰：四象之中，隱土而成。五行之內，干秀為榮。亥卯未滋榮甲乙，寅午戌聚福丙丁，壬癸喜生潤下，庚辛愛見從革，戊己欣逢四季。水潤下兮，文學貴顯。土稼穡兮，富貴經商。春生甲乙，抱懷仁德之心。夏遇丙丁，胸藏明辨之才。秋金兮，性多剛毅。冬水兮，智足權謀。木盛無金，雖仁不成造化。火旺木衰，縱學難得貴顯。水多遇土，成堤岸之功。木盛逢金，作棟梁之美。水火相停成既濟，土逢木旺為稼穡。金火氣均，煉出鋒刃之器。

【解析】

又說：『四象』金、木、水、火之中，是不算『土』而形成的。加上『土』就是五行。在命格五行中以天干秀美就會命格興榮。亥卯未會木局。會滋養甲木、乙木。寅午戌會火局能造福丙火或丁火。壬水癸水會生『潤下格』。庚金辛金喜歡看見『從革格』。戊土己土喜歡逢到四季月(辰戌丑未月)土多的時候。命格中有屬水的『潤下格』，會在文學造詣上地位高貴揚名。命格中有屬土的『稼穡格』，是經商而富貴的人。春天所生的日主是甲木、乙木的人，會內心懷抱著仁德之心。夏天所生的日主是丙火或丁火的人，內心有明辨是非之才能，會疾惡如仇。秋天所生的日主是庚金或辛金的人，個性多半剛毅勇猛。冬天生的日主為壬水或癸水的人，會有足智多謀及權謀重的能力。如果命格中木多而無金(庚金)，其人雖仁厚但不會有大成就。命格中日主是火旺命格，但木少或無，縱然讀書學習很久也難以成為顯貴地位的人。

命格是日主壬癸水的人，命局四柱水多而遇有戊土，能做為堤防以導水入海。對其人生有幫助。命局中木很旺盛逢有金剋，是庚金劈甲的格局，可做成房屋的棟樑之美事(表示人生會有大成就)。如果命格中的水與火的抵制相當，成為既濟(完美的完成了)水火平均勢立相等，是最好的狀況。如果命格中日主是土逢到木旺為稼穡格。命格中金器和火氣都平均，會鍛練出鋒利的刀刃器具(指其人性格剛硬鋒利)。

※四象者，謂「金、木、水、火。」春、夏、秋、冬。體現於卦象則為少陽、老陽、少陰、老陰。

【舉例】

1 木盛無金，雖仁不成造化

甲寅
丙寅
日主　乙丑
丁丑

日主乙丑生於寅月。干上有甲、丙、丁，支上有雙寅。木氣生旺。寅中有甲祿。且是丙火長生之地。辛丑中有癸、己、辛，以辛生癸水，而有名聲、掌權。用神為『癸水』。癸運大發，戊運合去癸水，於獄中自殺身亡。**此為大陸四人幫江青之命格。**

2 水潤下兮，文學貴顯

己巳
丁丑
日主 壬申
丙午

日主壬申生於丑月。有丙、丁、己出干，支上巳丑會金局。能生日主壬水。有己，為『潤下格』破格。專用丑中辛金印星為用神。辛運大發，為文學貴顯。**這是中央研究院院士余英時的命造**。亦為美國哲學會院士，專攻思想史研究。

20. 土遭木剋，言常失信

【原文】

五行造化，皆因鬼而成功。木敗不仁而妄作，金衰寡義亦無恩。火滅無禮之輩，水濁失智之人。土遭木剋，言常失信。金鬼好殺，水盛多漂。日旺仍須自立，更詳上下吉凶。歲月相扶，因祖而發。時日相沖，妻子無功。衰墓平生孤立，生旺一世崢嶸。上下相合而無害，往來剋戰乃多憂。

【解析】

命格中五行的創造演化，都是由鬼煞相剋而形成的。就像命格中的日主為木衰敗(居陷受剋)，其人會不講仁義而胡妄作為。如果命格日主是衰弱的金，也會對人少義氣沒有感情。如果命格是衰弱將滅的火，會成為沒有禮貌不講理的人。如果命格是混濁的水，容易是失去智慧的人。如果命格是土遭木剋得厲害，這人會說話常失信於人，講話不算話。金作鬼煞喜歡剋殺的凶。命格中水旺會隨波漂浮，這兩種命格都不好。日主居旺的仍然須要能自立，不要依靠別人。更要看命格上天干、下地支中的吉凶而斷。命格中由年月相扶持的，是由祖先而暴發財富的人。時柱和日柱相沖的人，可能無妻子兒女或未婚。命格中日主在衰位或墓地(辰戌等)是一生孤獨生活的人。日主在生旺之位，會一生出人頭地不平凡，有高的地位。命格中上下指天干與地支有相合的狀況，而沒有剋害時，仍要小心年柱、月柱及時柱前後有刑剋戰鬥，則還是有很多值得憂慮的地方。

【舉例】

1 土遭木剋，言常失信

戊辰
甲寅
日主 戊辰
甲辰

日主戊辰生於寅月。戊辰是『蟠泉吐穎之山』。表示有細細的水流，從山腰環繞流出。有語云：『淺水長流山不枯。』因此以財為重。今命局中有雙甲透干，月令寅中自有丙火。無癸。以辰中癸水做用神。土遭木剋，有時聰明有時笨，言常失信。一生走火土運不吉。

2 時日相沖，妻子無功

乙亥
辛巳
日主　戊申
甲寅

日主戊申生於巳月。天干有辛制乙，去官星混雜。地支寅申相沖，本來會壞印制丙。但巳月有戊土司令，故亥中壬水受制，巳中丙火不傷，以丙火為用神。行木火運。時日寅申相沖，妻子無功。中年還富裕，老年水運不吉。老年無妻無子照顧。

21. 日旺時強聚秀，無福亦須橫發

【原文】

祿馬時剋日破，縱職位終須退剝。日旺時強聚秀，無福亦須橫發。月為傷官時得地，財運自能成立。月遇絕傷時對沖，門戶定有三遷。生逢衰地，幼歲艱難。月在旺鄉，晚年不足。時衰日秀，有始無終。月弱時強，晚年榮顯。元氣強旺，雖未達終顯功名。

【解析】

命格中有祿馬在時柱上沖剋日支而使祿馬破功了，這種狀況縱有高職位也會遇事退下而退離。命格中日主旺、時柱也強旺聚秀氣，一定會有福氣或

有偏財運橫發之福。命格中月柱為傷官，時柱在得地剛合格的位置，財運自然能成立，這是『傷官生財格』。命格中月柱遇衰絕傷剋，又與時支對沖，家裡一定有三次以上的變動與遷徙。命格出生就逢到衰地，幼年會生活艱難。月柱在居旺的地方，晚年生活不富裕。時柱衰弱日柱秀美，其人會有始無終，有頭無尾。月柱衰弱時柱強，要到晚年才會與榮顯貴。命局整體元氣強盛，雖未顯達但最終有功名成就。

【舉例】

1 月遇絕傷時對沖，門戶定有三遷

癸丑
甲子
日主 庚辰
壬午

日主庚辰生於子月。子是傷官，在月份上。子辰會水局，有癸、甲、壬出干，為『井欄叉格』，專用壬水做用神。月支與時支子午相沖，門戶定有三遷，常搬家。

2 日旺時強聚秀，無福亦須橫發

戊申
辛酉
日主 戊戌
丙辰

日主戊戌生於酉月。日主『戊戌』是魁罡演武之山，必須要有劫刃，使之得權，再有刃煞、財星、食神、彼此相制相扶，可有富貴。在他八字中有兩個戊土，比肩多。月上辛酉是傷官。支上申、酉、戌代表西方，格局很大。再有時干上一個丙字(梟印)，便能享大富貴了！年支申中有壬是偏財。再加上胎元壬子的壬為偏財，有2個偏財就一定會大發。即所謂『無福亦須橫發』。**這是美國影星威爾・史密斯的命格**。他曾到台灣來。

22. 基本休囚，縱得地難成富貴

【原文】

基本休囚，縱得地難成富貴。若夫天元羸弱，命不再蘇，忽值本主休囚，貧寒無地。氣旺遭傷，雖遇險終身有救。氣敗逢生，縱得地一世無成。五行失地，休言祿馬同鄉。四柱無歸，難論財官雙美。

【解析】

本命格整體及日主在休囚之地，例如：木生于午、未、申。火生于酉、戌、亥。水土生于卯、辰、巳。金生於子、丑、寅。都在死墓絕的休囚之地。縱使得地剛合格也是無法得到富及貴顯的。倘若天元日主是羸弱的，命運不再復甦，忽然到了本命在休囚的運程上，就會極度貧寒。命格中的五行之氣遭到傷害，雖然遇到凶險但一生都有貴人相救。命局的氣敗掉又逢到生局，縱使在得地合格的位置也一輩子無成就。命格中五行失地(言陷落)，不用講命局中祿與馬達到平和相等的狀態。四柱沒有確定的五行格局之歸屬，很難再論有財富有事業之雙雙美事。

【舉例】

1 基本休囚，縱得地難成富貴

甲戌

丁卯

日主　戊申

癸亥

日主戊申生於卯月。戊申是『外表披著石頭的土山』。又生在卯月，休囚已盡。支上卯亥會木局，有癸、甲、丁出干，四柱無丙，官旺用印，以丁火為用神。卯戌中都帶有丁火，不強。稍有食祿，縱得地也難成富貴。

2 忽值本主休囚，貧寒無地

乙未
戊寅
日主 壬戌
丁未

日主壬戌生於寅月。日主『壬戌』是『驟雨易晴』，是下一陣雨後又突然放晴了。這是此人的人生形態。壬水在寅月是病地，是失令之水。有戊乙丁出干，沒有比劫相助。支上寅戌會火局，木火都不逢時，壬水無根。財多身弱無法任財，同時也是官殺混雜，無印星來救。此命要用虛神庚金做用神。

此命格為**日本真理教主痲原彰晃的命格**，於1995年5月16日在日本地鐵放沙林毒氣被逮。此人因缺水，故眼睛弱視近瞎。2018年7月6日(戊戌、戊午、己亥)服刑死亡。當時他的大運正在壬運也沒能救助他。此命真是貧寒無地了。

23. 時臨旺處必多兒，時在敗鄉必絕嗣

【原文】

以日剋者為妻，妻生者為子，考其生旺，定其死絕。時臨旺處必多兒，時在敗鄉必絕嗣。男逢兩位之財，必須置妾。若遇合處逢祿，定挾（音同鞋）妻榮。財鄉見合，立身倚妻。陽干上下逢合，妻多易得，合中更遇生炁（音氣），妻妾賢良。四柱遞互相親，多生喜慶。

【解析】

在命格中以日主（日元）所相剋的為妻。以妻所生出的為子女。要考查其（妻與子）的生旺。也要斷定是在死處或絕處（這樣會無妻或無子女）。時柱在

居旺的地方，必主其人多子女。時柱在居陷落的地方一定會無後代。男子在命格中有兩個財星，會娶妾(這是古代人的想法，今人有兩個財星，一定會結婚。)。命格中若遇日柱與月柱相合局又帶祿星，則其人會挾帶妻家的榮耀富貴(表示妻家會幫忙照顧他的前程與富貴)。命格中在『財鄉見合』(指相會財局)，定會有妻子可倚仗，幫忙成功。如果有陽干(甲、丙、戊、庚、壬)在上，與下面地支逢合，如甲午、丙戌、戊子、壬午等，容易多妻，如果在相合中更遇有生氣，就會有賢良的妻妾。如果命格四柱是依次相遞的，如年干是甲，月干是乙，日干是丙，時干是丁這種，是會多生出喜慶之事。

【舉例】

1 時臨旺處必多兒

己亥
己巳
日主　戊寅
癸亥

日主戊寅生於巳月。戊寅是艮山。以長生趨艮，氣脈聚會而定。戊在寅中長生，日主『戊寅』的人，喜命局中有煞刃、財星、食神，不喜刑沖破害。今命局中有七殺、比肩、食神、偏財等。依前文所述日主相剋的為妻，妻所生為子。因此水為妻，木為子。在時支『亥』中有壬、甲。皆在旺處，故多子女。這是**畫家張大千的命格**。年月巳亥相沖，故早離家。寅巳也相刑，故六十歲前顛沛流離。62歲壬運起漸佳。其人妻子多達三、四位，紅顏知己也有多位，主要是命格中偏財多，正財只有一個之故。用財星壬水做用神。

2 財鄉見合，立身倚妻

辛酉
甲午
日主 甲辰
壬申

日主甲辰生於午月。日主『甲辰』是『生長在濕地水旁之松木』，若水多、土多，則非貧即夭。日支辰中戊土是甲木的財。辰是財鄉，辰又是配偶之位。申辰又會水局，是甲木的印星。等於子孫又蔭庇該人。此命格正合『財鄉見合，立身倚妻』。此命格是**英女王之夫婿菲利普親王**的命格。因有辰酉會金局，一生風流不斷。

24. 五行來往相傷，皆主不義

【原文】

五行來往相傷，皆主不義。財失地而歧路經商，身旺甚則九流術業。火聚水德相刑，為僧反覆。水逢土旺相殘，為道無終。火明木秀，幼年顯達朝廷。火炎水涸，終身求財市井。金白水清多顯達，鬼位逢官主困窮。財下見財，富而慳吝。羊刃帶煞被刑，男子身遭鞭配。財盛刑傷父母，鬼旺後代昌榮。

【解析】

命格中的五行相互刑剋傷害，都主其人為不義之人。命格中的財星陷落會走其他的路來經商。命格日主太旺，會做算命師的行業。命格中有水火相刑剋，會做和尚做一半又還俗。水逢土旺相剋(土蓋水)，是做道士半途而廢的人。命格中火明(火旺)木秀(木也旺)，會年紀很輕在幼年就在政府所屬機關任職。命格中火多水乾涸，會一輩子在市井低俗的地方賺錢。命格中八月生的日主是金的人，有『金清水白』的格局，會一生貴顯出名。命格在受剋的位置又逢官煞，是主窮困的命格。命格中在天干有財星，地支也有財星，是富有又吝嗇小氣的人。命格有羊刃又帶煞星再被刑剋，男子逢此命會身體遭受鞭刑還被發配邊疆之地。命格中財星太旺會刑剋傷害父母(因為財星會剋印星)。命格中官鬼旺會後代昌盛繁榮。

【舉例】

1 火炎水涸，終身求財市井

丙午
甲午
日主 乙丑
戊寅

日主乙丑生於五月。乙丑是『泥中剛植下之木』。此命局有丙火出干，還有甲(劫星)、戊(正財)在干上。支上寅午兩會火局。一派火多之勢。戊土又制住丑中之癸。為火炎水涸，愚昧貧賤之流，終身求財市井。

2 財下見財，富而慳吝

丙戌
辛丑
日主 丁酉
辛丑

日主丁酉生於丑月。日主『丁酉』是『有玻璃罩的燈光』，夜生者佳、在夜間分外明亮輝煌。干上有雙辛財星，支上丑有雙會金局。是財下見財，富而慳吝的人。原本丁火在丑月衰絕，但有丙出干助丁，丁火又通根戌中。因此丁火身旺可任財。四柱皆有財星。

此命格是日本搞笑藝人、**電影導演北野武的命格**。他曾獲得威尼斯電影節最佳導演獎。**2019**年因出軌與妻子離婚，據聞膳養費達十一億日元。這是日本法院判定的。他非常生氣。**2020**年與小他十八歲的助理再婚。

25. 從化忌從返本，平生哀樂無寧

【原文】

從化忌從返本，平生哀樂無寧。丙辛化水到水鄉，位列朝廷。丁壬化木臨木位，身居宰輔。東金西水不從化，一世虛名。離壬坎丙得位時，平生顯貴。

【解析】

命格中有從化的格局(甲己相合化土，乙庚相合化金、丙辛相和化水，丁壬相合化木，戊癸相合化火)或是炎上格(從火)、從革格(從金)、潤下格(從水)、稼穡格(從土)等，這些從化的格局不可返回原樣的狀況，例如甲己相合化土五行已轉變為土質，如果又要變為原來的木，即為不佳，一生會衰事多，

哀樂無寧日。命格中如果有丙辛相合化水，支上也有水局(水鄉)，從化成功，是可在政府做官的人。命格中是丁壬相合化木，支上有木局或寅卯辰三位代表東方，從化成功，可做宰相輔佐(現今行政院長)。命格中如果有金在東方，水在西方，這是不能從化的，如此就會一輩子只有虛名虛利而已。命格中如果是壬水在離位(南方)、丙火在坎方(北方)，會一生有貴顯機會。因為是官星相照。

【舉例】

1 丙辛化水到水鄉，位列朝廷

丙子
壬辰
日主 辛亥
丙申

日主辛金生於辰月，干上有丙辛相合化水。支上申子辰會水局，因此化合成功。『化水格』成立。以時支申中庚金做用神。可生助化神。可主貴。

2 離壬坎丙得位時，平生顯迹

辛亥
庚子
日主　丙戌
甲午

日主丙戌生於子月。日主『丙戌』是『日入地網』，戌宮是地網宮、亦是墓宮。太陽入地網宮，甚是困頓無光。但支上有午戌會火局，丙火通根至戌。冬日以暖命為主。仍以甲木為用神。運行木地，名利雙收。此為坎丙得位，平生顯貴。

26. 用神敗衰，帶祿不能為福

【原文】

用神敗衰，帶祿不能為福。祿馬氣旺，遇貴合主顯榮。有官無馬而職微，有馬無官而身賤。四柱生旺，雖無官祿亦長年。五行敗衰，縱帶祿馬終夭折。魁罡相逢沖剋，多遭刑獄。

【解析】

命格中的用神在衰敗處，用神不得力，即使帶祿也不能有福氣。如果命格中的祿星驛馬居旺，再遇貴合(天乙貴人或玉堂貴人)來相合，會有顯貴榮昌的機會。

命格中有官星無驛馬的命格，其人會職務卑微。有驛馬無官星則主人會地位低賤。命格四柱皆生旺的人，雖一生沒有事業基礎也會活得久。命格中五行衰敗落陷，縱使帶有祿星驛馬最終還是夭折死亡。命格中有魁罡(辰戌)相逢沖剋多的，多犯罪遭關監獄。

【舉例】

1 用神敗衰，帶祿不能為福

丁卯
乙巳
日主　庚戌
丁丑

日主庚戌生於巳月，庚戌為『陸路將軍』，不喜命局中有水局或水多。

有雙丁出干，支上巳丑會金局，卯、戌中也有火，煅金太過，官多化煞，必須以丑中癸水做用神來救。用神敗衰。丁年生祿神在癸，雖帶祿不能為福。為勞碌奔波之命格。金水運稍有財祿。

2 魁罡相逢沖剋，多遭刑獄

丙戌
戊戌
日主 戊戌
丙辰

日主戊戌生於戌月。日主『戊戌』是『魁罡演武之山』，必須有刃煞、財星、食神相扶相制，才會有富貴。今四柱兩丙兩戌，支上三戌和辰相沖，干上有丙火而無癸、甲，正是魁罡相逢沖剋，會多遭刑獄。亦會是一生靠人生活，無法結婚亦無後嗣之無用之人。

27. 建祿無財刑制，定為奴婢

【原文】

建祿無財刑制，定為奴婢。陽火死於墓絕，性凶頑多為酷吏。陰火生於長養，人豐厚當為富豪。五行忌沐浴逢傷，四柱喜生旺制煞。有害而姻親散失，遇戰而疾病纏身。木火忌逢申酉，災病呻吟。衰金畏遇旺火，苦形悲歎。

【解析】

命格中的『建祿格』沒有財星卻有刑剋制化，一定是會做奴婢的命格。陽火指丙火，丙火在酉為死地，丙火在戌為墓地，丙火在亥為絕地。命格是日主丙火在酉、戌、亥這三個位置的人，性格較凶惡頑固，多半會做冷血無情的小官吏。陰火指丁火。丁火生於長養(指胎養之位)。丁火在子位為胎，在丑位為養。也就是說：丁火生於子、丑這兩個位置(月份)的人，會一生豐富厚實可做富豪。命格中的五行(指日元)最怕碰到沐浴被傷剋。沐浴之地即子、午、卯、酉。害怕這四個被刑剋。命格中四柱上喜歡五行在生旺之地來制服煞星。命格四柱彼此有相害時，會婚姻或親戚分離失散。命格四柱彼此相互戰鬥(相剋)時，也會有疾病纏身的問題。甲乙木和丙丁火忌諱碰到申酉(屬金)。因為金木相剋。會有災禍和病痛(容易出車禍傷災、開刀等問題)。衰弱的金害怕遇到很旺的火，旺火剋金剋得凶。會形貌窮苦聲聲悲歎。

【舉例】

1 建祿無財刑制，定為奴婢

丁卯
壬寅
日主 甲申
癸酉

日主甲申生於寅月，甲申為『巨木被砍斷後落入水中之木』，分外堅硬。甲木生寅月是建祿格。日主坐申，壬癸出干，年干有丁火，不足以暖甲木。水多損木。且有地支寅申相沖，卯酉相沖。四柱不見財星。此命格還有破宅煞。先富厚貧，愛造房屋，後遭變故。為背井離鄉奴婢之命。用神為丙火。

2 衰金畏遇旺火，苦形悲歎

丁卯
丙午
日主 庚寅
己卯

日主庚金生於午月。是衰金。干上有丙、丁、己土。支上寅午會火局。

又有雙卯，更增火旺。四柱無水。專用己土為用神。火土運會苦形悲歎。運行西北能發。

28. 運至財官，無刑必發

【原文】

時臨鬼地，無制多貧。運至財官，無刑必發。七煞羊刃，名位大顯。正印官星，刑沖乃禍。壬趨艮位，遇之則發資財。變煞為官，幼歲功名顯達。戊日午月，火多而運喜官鄉。財官敗地，一世貧寒。

【解析】

出生的時間在不好的時間點上，沒有制化，會貧困。大運走到財運或官運時，沒有刑剋就會發財有成就。命格中有七煞及羊刃的，會名氣與職位大大顯露。命格中有正印及官星的，若有刑剋沖害就會有災禍。命格中日主是壬水在東北方(壬趨艮位)，有此命格者能發大財。命格中能把七煞(偏官)變為官星，在小時候就能有成就揚名貴顯。命格中日主是戊日生於午月，命格火多，則行運喜歡走甲運。因為戊土的官星是甲木。木能生火，火能生土之故。命格中若財星與官星都在陷落之地(敗地)，是沒什麼用的人，故一世貧寒。

【舉例】

1 運至財官，無刑必發

辛亥
甲午
日主 甲申
庚午

日主甲申生於午月，甲申為『巨木被砍斷後落入水中之木』，分外堅硬。甲木在午月本來是木性虛弱焦枯，但此命格一方面有甲木比肩在干上，日主甲木座下『申』中有壬水長生及庚祿。在年支『亥』中有壬祿及甲木長生，因此日主身旺，又有印星壬水支助，可稱『支潤木榮』。乃用『庚金劈甲引丁』，以達『木火通明』而取貴。再一方面兩次『午申夾未』有兩個暗貴。表面上正財已土在兩個『午』中。此命格以東方及北方為吉。這是極旺的命格。**此命格為特斯拉（Tesla）汽車公司的老闆馬斯克(elon musk)的命格**。目前50歲，大運正在正財運已運的時候。目前已成為全球第三大富豪。馬斯克目前資產有1,154億美元。這個命格因甲木多，非常聰明。有趣的是：在他的命格中完全沒有偏財，有兩個正財。

由於特斯拉股價暴漲約500%，馬斯克在2020年資產淨值暴增878億美元，目前公司市值達4,640億美元，於全球排名第10名。這也是由於到中國設汽場車裝配廠全年交貨50萬輛車的原故。因此東方及北方對他確實有利。

2 壬趨艮位，遇之則發資財

丙子
庚寅
日主 壬申
丙午

日主壬申生於寅月。是病地，為失令之水。壬水又坐于申上。有水長生。干上有一庚二丙出干。支上寅午會火局。又有子申會水局，是水火既濟。『子』為壬水的陽刃。加上有庚金出干，是弱極復生的現象。有戊土在寅中含用。無甲木出干，有庚出干，身旺可任財，又透丙火加火局，財旺用印，用庚金為用神。這是**日本老棒球手長鳩茂雄的命格**。在命局中『寅』中還有一個丙火，共計有三個丙火偏財。則一定會爆發偏財運的。真應了『壬趨艮位，遇之則發資財』。

29. 日雖建祿，不逢財官主孤貧

【原文】

三奇無傷，平生富貴。日雖建祿，不逢財官主孤貧。日祿歸時，不遇財印亦難發。時上偏財，運至兄弟之位主妻災。時上羊刃，歲遇偏正之財生凶禍。

【解析】

命格中有乙、丙、丁三奇在天干上，會有一生的富貴。命格中若日柱雖有建祿，但四柱沒有財星、官星仍主孤單和貧困。命格中有『日祿歸時』的格局時，通常在老年時才發，但四柱沒有財星或印星的人還是難發。命格中在時柱上有偏財，大運走到比肩或劫財(兄弟之位)的運程之上，妻子會有災禍。當人之命格中的時柱上有羊刃，流年遇到偏財或正財的運程上會生凶災。是因財被劫之故。

【舉例】

1 日雖建祿，不逢財官主孤貧

乙亥
甲申
日主　乙卯
壬午

日主乙卯生於申月，日主乙木坐於卯祿之上，乙木的財星是戊、己土。乙木的官星是庚辛金，四柱皆無。此命局有甲乙比劫出干，和壬水印星出干，支上亥卯會木局，四柱無丙火。只有時支『午』中有一點丁火，不足以暖命。用虛神丙火為用神。火土運有衣食，金水運不佳。

2 時上偏財，運至兄弟之位主妻災

丙子
庚寅
日主　壬申
丙午

日主壬申生於寅月。是病地，為失令之水。壬水又坐于申上。有水長生。時干丙火為偏財。壬水的『兄弟之位』的運氣，指的是壬水的比肩與劫財的大運。也就是指逢到壬、癸水的大運時，則主妻子有災。此命格在十五歲的大運走壬辰運。二十五歲的大運走癸巳運。說是有妻災。這是**日本老棒球手長鳩茂雄的命格**。

巫咸撮要詳析

他在29歲和妻子亞希子閃婚，生三男二女。妻子54歲亡。因寅申相沖，基本上**長鳩茂雄**在家的日子也不多。正如其子在法庭上所說他們一家人都是斷絕的絕緣體，亞希子在世時還會找孩子們偶而聚餐。大兒子國中時便離家了，一家人分東離西的。

30. 有印無官反成厚福

【原文】

正官月上旺，富貴雙全。偏官時上逢，無情有禍。財歸旺地無破，家道興隆。印綬生身無傷，門閥光彩。有官無印即非真官，有印無官反成厚福。桃花帶合，風流儒雅之人。五湖雲擾，餓於首陽之客。

【解析】

在命格中月柱上有正官居旺(常是正官格)，會有富且貴的人生。在命格中在時柱上有偏官(七煞)，會遭遇禍事。命格中有財星居旺不被沖破的人，是家道興隆的人。命格中有印星(印綬)生日主(身)，沒有剋傷，是出身好、家世好門楣光彩的人。命格中有官星無印星，因無法掌權，就不是真正的官星(官星無用)。若命格中有印星無官星，反而有厚福。因為都叫別人做事侍候他，自己不做事而享福。命格中有桃花帶合局，是風流儒雅的人。命格中四柱上之五行雜亂紛擾，不能構成格局者，會是像伯夷和叔齊一樣會餓死的人。

※**商紂王末期孤竹國**，老三叔齊是孤竹國君主亞微內定的繼承人，叔齊不忍心與長兄爭奪君位，伯夷也不願違背父意。兩人雙雙出走，禪讓予另一個弟弟仲馮。原想投靠西伯昌(周文王)，姬昌死後，周武王姬發出兵討伐紂王，伯夷和叔齊不滿武王身為藩國卻攻擊君主，力勸不聽。後武王克殷，兩人決定不食周粟，隱居首陽山，以樹皮、蕨草為食，最終餓死。此為『首陽之客』的典故。

【舉例】

1 正官月上旺，富貴雙全

丁巳
乙巳
日主 辛未
癸巳

日主辛未生於巳月，日主辛未是『混在土中的金』，最好用戊土來生扶辛金。再用壬水來清洗，使之揚眉吐氣。最忌甲乙木來剋土，則會使金埋沒。此日主辛未的人看福壽，以土為觀測之法，看顯貴則以水為重要。二者不可損傷。

命局中有丁、乙、癸出干。辛金生巳月是『正官格』。月上正官正旺。支上有三個巳。『巳』中有丙祿、戊祿。更是金長生所在之地。又有三次『巳未夾午』有暗貴。丁逢巳為羊刃也有三重。**此命格為美國前總統甘迺迪的命格**。正符合『正官月上旺，富貴雙全』。但福壽不足。因為巳、未中皆乾土，癸水無根。遇刺身亡，享年46歲。庚運時遇刺。

2 有印無官，反成厚福

乙巳
丁亥
日主　乙未
戊寅

日主乙未生於亥月。乙未是『花架上的藤羅植物』，最喜歡支上有寅亥等甲木來支撐它，才能得雨露之惠。**這是演《半澤直樹》日本演員香川照之的命格**。此命局中有乙、丁、戊出干。支上一方面有寅亥做支架，又有亥未會木局。因此乙木身旺。亥中有甲木、壬水。壬水是印星居旺。四柱無金(無官)，這是『正印格』。因有戊土出干制癸，又有丁火出干，丙火在巳中，必成大器，富貴可成。這是『有印無官，反成厚福』的例子。可惜年月支巳亥相沖，幼年不佳，三歲父母離婚，後隨母姓香川。

3 桃花帶合，風流儒雅之人

丙申
辛丑
日主　癸酉
辛酉

日主癸酉為『從石中流出的泉水』。其水源清澈，且可源遠流長。此命格的人多半作清貴文人。日主癸水生於丑月，有雙辛一丙出干，支上丑酉二會金局。申中也是金水。丙火無根，也不足以解凍。丙辛相合不化，因支上是金局非水局，故化合不成。申年(猴年)桃花在酉，桃花有兩個。並且丑酉會金局，這是『桃花帶合』。故是風流儒雅之人。**這是詩人徐志摩的命格。**

可惜不長壽，甲運金木相剋飛機失事而亡。享年34歲。

31. 干刑支合，樂變為憂。干合支刑，喜中不美

【原文】

干刑支合，樂變為憂。干合支刑，喜中不美，若不九流僧道，定須重拜爺娘，墓時雜氣逢局鑰，始得顯榮。羊刃金神遇七煞，必為大貴。雙辰夾角，偏生庶出之人。寡宿孤辰，異性同居之子。

【解析】

在命格中四柱上有任何一柱天干和另一柱天干相刑剋，而地支上有合局的狀況，會是原先有樂事卻轉變為壞事讓人憂愁。如果命格中天干上有相合的，而地支上有刑剋，這是有喜事中還有不妙之事，因為有六親不合的問題。

這樣的狀況很容易做和尚道士，或要移房過祖、過繼給人重拜爹娘。命格是墓時(辰戌)的時候，四柱是雜氣多，但有局鑰(用神)，是用神得用的局面，就會開始顯貴榮耀了。

命格中有羊刃和金神(庚辛金)一起，又遇七煞(偏官)，必定有高地位的人生。命格中若是支上有兩個『辰』曜有夾角，形成『隔角煞』，這是偏房所生妾所生之人。不是嫡正之子。命格中有寡宿、孤辰二星，是不同姓氏的男女未婚同居所生之子。

※**隔角煞**：日支與生時同看，日支與生時隔一位者即是。如子日前面隔一位是寅字，丑日前面隔一位是卯，寅日前面隔一位是辰，也就是子日生人遇寅時，丑日生人遇卯時，寅日生遇辰時即是，其余以此類推。

口訣曰：『子丑寅宮都怕龍，卯蛇辰馬巳羊中，午申未雞申忌狗，酉豬戌鼠豬牛尋，官非牢獄與刑訟，人命最怕犯歲君。』

【舉例】

1 干合支刑，喜中不美，若不九流僧道，定須重拜爺娘

丙申
丁酉
日主　壬午
己酉

日主壬午生於酉月，日主壬午是『祿馬同鄉』、『水火既濟』。專看日主前後的干支來調配水火，就能得富貴。調配不好，會是下等格局。

今命局中，有丙丁一己出干，日主壬水通根『申』中。雙酉能生水。干上丁壬相合不化(因為支上無木局)。支上午酉兩次相破。正是『干合支刑』，喜中不美。**這是港星張國榮的命格**。因為地支相刑相破的關係和家人無緣，也導致憂鬱症而早逝。壬運46歲亡。

2 干刑支合，樂變為憂

癸丑
丙辰
日主 壬申
壬寅

日主壬申生於辰月。壬申為『水滿渠成，生生不息』。申為壬水長生之地，故生生不息。但三月辰月為水之墓，戊土乘旺秉令，怕有堵塞河海之患，需有甲木疏土，再用庚金發水源，以此為命格取用神的準則。干上有丙壬相剋，支上辰申會水局。這是『干刑支合』。幸時支寅中有甲木可疏土。因為支上會水局之故，用辰中戊土做用神。這是**日本女星宮澤理惠的命格**。支上有寅申相沖，婚姻不美。在人生中時常樂變為憂。

3 羊刃金神遇七煞，必為大貴

辛卯
丁酉
日主 庚午
丙子

日主庚午為『已煉好成物品之金』。日主庚金生於酉月，酉為庚刃(羊刃)。丁祿在午，煞刃通根並透干。此為『煞刃格』。**此命格為清乾隆皇帝之命格**。有丁火出干，支上子午卯酉為四極。日主庚金為金神。時干上為丙火七煞。故為太平天子之大貴。以丁火為用神。

32. 壬水騎龍逢辰多，少登天府

【原文】

壬水騎龍逢辰多，少登天府。乙木捕鼠遇子多，早步蟾宮。日祿歸時沒官顯，錦鞍繡轡。月生日干無財氣，玉帶金魚。六陰朝陽逢季月，只作印看。六壬趨艮逢亥月，當以貧論。

【解析】

命格中有日主是壬辰(壬水騎龍)，又逢四柱有多個辰字，這是少年時可考上高級公務員的命格。命格中日主是乙木生在子月(乙木捕鼠)，又遇支上子多(年及時都是子)，因為乙年遇子是玉堂貴人(遇貴)，『子』多就有多個貴人，故可以早早考上國家考試任政府高職。命格中又有『日祿歸時』的格局，卻又沒有官星顯露者，會有美麗又高貴值錢的坐騎(座車)。如果在命格中月柱上有印星(月生日干)沒有財星(無財氣)，這是『正印格』或『偏印格』，通常印格要用『印格用食』、『印格用煞』等取用神。凡是印格，都是取其他的十神為用神的。既無財星，當然就用食神或用煞星，這裡顯然是『用煞』了，才會有三品以上的官位。

命格中有日主是有『六陰朝陽』的格局，又逢季月(三、六、九，十二月)，只能當作印星或印格來看。命格中有『六壬趨艮』的格局，又逢亥月，應當以貧困論之。

※『**玉帶金魚**』：典故出於唐·韓愈《示兒》詩：『恩封高平君，子孫從朝裾。開門問誰來，無非卿大夫。不知官高卑，玉帶懸金魚。』所謂『玉帶懸金魚』是指三品以上的官所佩飾的物品。現今為地方縣市長位階。

※『**六陰朝陽**』：在八字命格中，若年干或時干為陽干，其餘六字皆為陰干、陰支，陰若朝陽，稱為『六陰朝陽』格。

※『**六壬趨艮**』：命格中日主壬水生於寅月，寅為艮位，故稱『六壬趨艮』格。

※『**壬騎龍背**』：命格中日主壬水坐於辰上，壬水臨辰，通根身庫(辰為水之墓庫)。稱為『壬騎龍背』格。

【舉例】

1 『壬騎龍背』格

壬寅
壬寅
壬辰 日主
壬寅

日主壬辰生於寅月，壬水臨辰，通根身庫(辰為水之墓庫)。此為『壬騎龍背』格。四干皆壬，春水失令，必須用丙火除陰氣，故專以寅中丙火為用神。支上寅辰夾卯，為東方。干上四壬為北方，一片東北方之氣象，若無丙火，無法引化，也無法成大器。幸35歲火運時大發。

2 『六陰朝陽』格

戊申
乙卯
日主 辛亥
戊子

日主辛金生於卯月，亦生於戊子時，年干、時干皆有戊土出干，戊土為陽干，其餘六字俱屬陰。此為『六陰朝陽格』。專用申宮庚金洩戊土之氣，生助日主為用神。此格忌丙丁火，運喜西方運。此命格富中取貴。

3 『六壬趨艮』格

壬寅	壬寅	壬寅	壬寅
		日主	

日主壬水生於寅月，壬寅是『雨露滴入砂土中，只看見滴入，卻不見流出。』故主富。寅為艮位(東北方)，故此為『六壬趨艮』格。用壬水為用神。

此命格以支上寅暗合亥，讓壬水得祿。於吉方北方有大富貴。

4 六壬趨艮逢亥月，當以貧論

壬寅
辛亥
日主 壬寅
壬寅

日主壬水生於亥月，寅為艮位，故此也是『六壬趨艮』格。但壬水生亥月，壬祿在亥，身旺。也是『建祿生提月，財官喜透天』。干上無丙和戊的命格，命局氣象太寒冷，會不能聚財，做事常失敗。故以貧論。還好寅中有甲丙戊，丙、戊財官之年尚有財祿可過。不富。

33. 官印有傷有損，爵位虧停

【原文】

格局無破無刑，名利成就。官印有傷有損，爵位虧停。妻宮羸弱，犯劫時必損其妻。兄弟位柔，見官強必傷昆季。天元羸弱失時，難獲延年。日主高強化鬼，當膺厚福。日旺無依，離祖遷居，若不遷居，死在外地。日旺無依，損財傷妻，若不傷妻，外家零落。

【解析】

命格中有格局完整，沒被沖穿破局，也無刑剋，就會有功成名就的人生。

命格中如果官星或印星有剋傷有損害，想要登高位的機會一定是會受虧損而停止的。命格中若夫妻宮很弱，犯劫財運程時必會損害到妻子。因為男子娶妻看正財星，有兩個正財星可娶好妻。若犯劫財，財被劫走了，就會無妻或離婚。命格中兄弟宮柔弱，看見官星強必會傷兄弟情。因為八字中比肩劫財代表兄弟，官星能剋比劫。命格中日元天干居陷落不旺時，本命不長久。命格中日主強旺化煞(化鬼)，應當有厚福。命格中日主強旺但前後無依靠，是離開祖先過繼給人又遷居他地的人。如果沒遷居他地，則易死在外地。命格中日主旺而無依(指前後干的字不能對日主有利)，這是損傷財運也損傷妻子的命格。倘若沒有傷到妻子，也會使妻家家道零落頹喪。這是因為男子以財星來看妻室的原故。

1 官印有傷有損，爵位虧停

戊子
癸亥
日主 癸卯
辛酉

日主癸卯生於亥月，亥中有壬水及甲木長生，會洩弱癸水元神。支上又有亥卯會木局，木旺，更洩弱癸水。時柱辛酉可生水，但辛金柔弱不能剋制木。可以說是印星柔弱有損。官星戊土和旁邊的癸水，戊癸相合不化。(因為戊癸相合化火，支上無火局，故不能化合)。四柱無火(無財星)。官星戊土也無根。此為『官印有傷有損，爵為虧停。』**這是英國查理王子的命格。71歲還未登上王位。**

2 天元羸弱失時，難獲延年

甲子
癸酉
日主 己未
辛未

日主己未生於酉月，己未為『種在植物稼穡上所覆蓋的土』，酉月金神秉令，子旺母衰。土氣洩弱。四柱無丙、戊。支上亦不成金局。且還有子酉相刑在年月支上。此正是『天元羸弱失時，難獲延年。』**這是演藝人員高以翔的命格**。**35**歲丙運尾，己亥年十一月**27**日錄節目猝死。這正是『子酉相刑在年月支上』的結果。因八月生己土之人，因秋季氣寒而洩，以丙癸為正用，用財(癸水)不能缺印(需丙火)，用印(丙火)不能無潤(癸水)。並取辛金輔助癸水，這是必要的選用神之法。而此命格中特缺印星丙火，命格太寒，又有沖剋，故難獲延年。

34. 正官被合，平生名利皆虛

【原文】

正官被合，平生名利皆虛。七煞被合，處世反凶為吉。煞旺更值身衰，衣食奔走。官柔又遇煞擾，行藏汩沒。財旺身強，資財疊積。假如甲辰甲戌落寅亥，金帛滿屋。丁亥丁卯到酉亥，珍寶盈室。六甲日遇庚辛，若重多必主災厄。六丙身居亥子，無制伏定是貧儒。

【解析】

命格中有正官被合走，是一輩子名和利都一場空的人。命格中若七煞被合走了，為人會溫和圓滑一點，在為人處事上反而吉利。在命格中如果煞星旺，又逢到身弱，可能只為衣食溫飽奔走忙碌。在命格中官星柔弱的，又遇到有煞星來侵擾，其人會躲躲藏藏的，不正派。命格中的財星居旺，日主又強旺，故可任財，因此資材可存積很多。命格中假如有日主是甲辰或甲戌，生在寅月或亥月，因為寅或亥中有甲祿和甲長生，故是日主身旺，自然會有滿屋的錢財。命格中日主是丁亥或丁卯，生於酉月或亥月，酉中有辛金，是丁火的財。亥中有甲木可引丁。也都是會使丁火身旺的要用，故會有滿室的珍寶。命格中日主若是六甲日，再遇庚辛金，金會剋木，若遇多重(指年月時干上)，必然有災禍病厄。命格中日主是六丙日，生於亥月或子月，因為丙火在亥為絕位，在子為胎位，幾近滅絕，為身弱，必須要制煞扶身才行，否則定是貧困之人。

【舉例】

1 假如甲辰甲戌落寅亥，金帛滿屋

辛酉
己亥
日主　甲辰
己巳

日主甲辰生於亥月，亥中有壬水及甲木長生，日主身旺。干上雙己與甲爭合，但支上不是土局，故無法化合。支上巳酉會金局。亦有辛金出干。**這是韓星宋慧喬的命格**。十月生甲木之人，因壬水臨官，水旺泛木，必須有戊土為制，再看丙火。四柱上丙戊都有，木氣會生旺。才能再用庚丁為用神。今支上的『巳酉會金局』會生水，干上是己土，不是戊土，無法制水。還好辰巳中有『丙戊』得用。用丙火為用神。走火土運。

2 丁亥丁卯到酉亥，珍寶盈室

庚申
丁亥
日主　丁亥
丁未

日主丁亥生於亥月，丁亥為『風前秉燭的燭光』，最喜有壬官來合，為『有罩官燈』，更喜有庚金在干上，稱為『墮鎮在手』，有兵權。但此命局中，有三丁出干，亥未會木局。日主生旺。年上庚祿在申，亥中藏甲，庚金劈甲引丁，故有富貴。以財官為用神，行金水運大發，珍寶盈室。用神是壬水。

35. 行運得地失時，如田疇得雨

【原文】

行運得失，更當詳察。得地失時，如田疇得雨。得時失地，如鞔（音同泥）損塗泥。得時者，亦能舉躍。失地者，難以升遷。故火到南方而榮，水臨北地而盛，土到東而病，木至西而衰，金入北而沈。旺處生而死處滅，死處生而旺處脫。歲運俱傷，日主遇之命必虧危。氣運與祖氣傷殘，門戶與父母俱損。運神剋歲，刑訟來臨。歲剋運神，官災競起。金主刀刃刑傷，水主江河覆溺，木則懸梁自縊，虎咬龍嗔（音同稱），火則夜眠厭倒，焚死蛇傷，土乃牆推土陷。五行煞重，當如此詳。

【解析】

人命在行大運時的吉凶，更應當詳細體察。如果大運在剛及格的運程，又逢不好的流年(得地失時)，就像農田中得到小雨一般，好的有限。如果大運不好而流年好(得時失地)，就像古時大車轅與衡相接的關鍵零件壞損了又沾上泥巴(因為走泥地難行)，就會十分狼狽了。如果流年好(得時)的人，也可跳躍歡欣。大運不好(失地)的人，是難以得到升遷機會的。因此命格要火的人，要到南方才會興榮。命格要水的人，要到北方去才會興盛。命格是五行屬土的人，到東邊屬木的地方，被刑剋易生病。木到西方而衰弱，因為是胎、養之位。金到北方會沉下去，因為金在亥、子、丑北方為『病』、『死』、『墓』等地。人的命運都是在『旺』的運程中生長興盛(旺處生)，在『死』的運程中熄滅(死處滅)。倘若大運在陷落的地方開始，到了大運居旺時會結束。如果人的大運及流年都受到傷剋，本命就會遇到生命必然危險。人之氣運（指流年）與祖氣（指四柱上的年干）都受到傷剋殘弱，家門與父母都會受到損傷。大運剋歲運（流年運），會有刑事訴訟來臨。流年剋大運，會有打官司的災禍此起彼落。庚辛金主刀劍、羊刃的刑剋傷害。壬癸水主江或河的翻覆溺斃的水難。甲乙木則主上吊自殺的災禍。這是命格中如果有寅、辰俱在（**虎咬龍嗔**）的狀況，因為『寅辰』為隔角煞。大運及流年是丙丁火逢戌亥，則易夜裡睡眠時厭世，或有『巳』出現會自焚或燒傷。大運是戊己土的運程時會逢到牆倒或陷在土裡。命格中的五行遇到煞星刑剋得重的時候，應當如此來詳細檢查。

※輗損塗泥：輗（音同泥），是古時大車轅（車輪子中心點）與衡相接的關鍵零件。輗損塗泥：車的關鍵零建損壞了，經過泥地又塗上泥巴。狼狽的樣子。

【舉例】

1 行運得地失時，如田疇得雨

戊申
庚申
日主 戊寅
戊午

日主戊寅於申月，戊寅為艮山，以長生趨艮，氣脈聚會而定。喜歡命局中有煞刃、劫星、食神。不喜寅申相沖。此命局中酉雙戊一庚出干，支上雙申，申中有壬水可潤土，支上還有寅午會火局，又會生土。可惜無甲木出干制土。行大運丙運，流年歲運戊年時(2018)劈腿、養小三，強暴案爆發，而失去工作。這**是演員吳秀波的命格**。其實這個八字可從中間分成兩半，四十歲之前可過得優雅豐厚。因為申中有水滋潤。現今五十歲已走八字後半部的運程。無水來救助，必窮困、身體出問題，要田疇得雨需看流年了。

2 歲運俱傷，日主遇之命必虧危

甲午
癸酉
日主　庚辰
甲申

日主庚辰生於酉月。這是**前日本首相安倍晉三的命格**。目前他66歲，大運正是庚辰運。2020年申月因腸病辭去首相之職，因為流年也是庚子年。可說是『歲運俱傷』，日主遇之必虧危。他須要丁火來制金及暖命。

36. 化而不化損於貴，聚而不聚損於財

【原文】

又曰：有化而不化之由，聚而不聚之機，合而不合之類，秀而不秀之實。化而不化損於貴，聚而不聚損於財，合而不合損於官，秀而不秀損於福。又有不化而化之因，不聚而聚之機，不合而合之理，不秀而秀之用。不化而化者定居權貴，不聚而聚者終於富足，不合而合者必遷高職，不秀而秀者須享祿位。

【解析】

又說：命格中有『化而不化』的原由，『聚而不聚』的先機，『合而不合』之類別，『秀而不秀』之果實。有『化而不化』格局的人，會損傷主貴有大成就的人生。有『聚而不聚』格局的人，會在財富上有損失，賺不了大錢。有『合而不合』格局的人，會在事業增高方面使不上力。有『秀而不秀』格局的人，會在自身享福上有損失，享受不多。另外，又有『不化而化』之原因，以及『不聚而聚』之先機，『不合而合』之命理，『不秀而秀』之用途。如果命局中有『不化而化』的格局的人，一定會居高位掌權顯貴。命格中若有『不聚而聚』格局的人，一生到最終了的時候都富足。命格中有『不合而合』格局的人，一定會升遷高等職位。命格中有『不秀而秀』的人，一定會有財祿地位。

※**『化而不化』及『不化而化』**：命格四柱上有甲己相合化土，但必須地支上要有土局或土重的格局，才能化氣成功。如果地支上沒有支助天干上的相合化氣，也就是化氣不成功，故稱作『化而不化』。其他如丙辛相合化水，支上要有水局或水重。丁壬相合化木，支上要有木局或木重。戊癸相合化火，支上要有火局或火重。凡不能化合成功的，都稱為『化而不化』。如果天干上有庚在甲己中相隔使之不能相合化，但地支土重或有土局，則為『不化而化』了。

※**『聚而不聚』及『不聚而聚』**：命格支上有會局為財局的，稱之為『聚』。雖有字但無法成財局的稱為『聚而不聚』。命格支上有另一字沖剋財星會局的，稱為『不聚而聚』。

※**『合而不合』及『不合而合』**：命格中在天干上有字隔開相合的五行。例如：日主是庚金，月干是甲，時干是已，相隔而不相合。命格天干上

原本有字相隔不合的，但支上有化氣支撐其相合，故稱『不合而合』。

※**『秀而不秀』及『不秀而秀』**：例如八月生辛金，只要有一個壬水透干，即為秀麗。若財旺土多，都是『**秀而不秀**』了，這樣人生也不夠美滿。例如十月生辛金之人，取用神要壬丙並透干。但該命格干上有甲丙，無壬水，但支上有水局，代替壬水，故稱『**不秀而秀**』。

【舉例】

1 不化而化者定居權貴

庚午
乙酉
日主 庚子
壬午

日主庚子生於酉月，酉為庚刃，形同煞刃，旺極。干上有二庚與乙爭合，日主庚金戀財而不顧官星，貪財忘官。為有權謀之佞臣。干上乙庚相合要化金，支上無金局，但酉為庚刃又極旺，此即為『不化而化』了。**這是清乾隆時權臣何珅的命格**。因日時子午相沖，故不善終。以午中丁火為用神。

2 不聚而聚者終於富足

庚申
乙酉
日主　辛卯
乙未

日主辛卯生於酉月。這是**名小說家張愛玲的命格**。命局中有雙乙一庚出干，支上卯未會木局是財局，旁支有酉沖剋卯，這是『不聚而聚』。生活還是會富足的。

3 不合而合者必遷高職

壬辰
壬子
日主 丁未
庚子

日主丁未生於子月，丁未為『已化為灰燼，尚有餘溫的香火。』火種全賴火土深埋土灰中才行。今命局中，干上有雙壬一庚，支上子辰會水局。水多要用戊土制水為用神。另一方面，干上丁壬合而欲化木，支上辰、未中乙木氣弱無法化合成功。但也『不合而合』了。**此為衛福部長中央疫情指揮官陳時中的命格。**因此必遷高職。

4 不秀而秀者須享祿位

　　　甲戌
　　　乙亥
日主　辛卯
　　　庚寅

日主辛卯生於亥月，水勢當權，辛卯是『具有精華之古木』需丙戊生扶。但壬水在亥中，此命局中，干上甲乙通根寅卯，庚辛通根戌亥。寅卯代表東方木氣。戌亥代表西北方金水之氣。木金之氣相互交叉，有水氣從中化解溶合。這是『不秀而秀』的典型模範，丙在寅中。**此為二次大戰時英首相邱吉爾的命格**。氣貫東西。

37. 五行俱要中和，一物不可偏枯

【原文】

定四時有旺無旺，察五行有為無為，隨物而變物，因類而求類。五行俱要中和，一物不可偏枯。水不勝火兮，奔波流蕩。火不勝金兮，困苦悽惶。三辛見丙兮，錢財破散。二壬見丁兮，家道興隆。有秀而無官者，但施巧於技藝。見財而無托者，惟遂志於經商。

【解析】

要定命格中日主在四季的旺時或弱時，體察命格中五行的有用跟無用，會隨五行之物而變物，會因其同類而尋找其相類的五行。四柱中的五行一定

要中和，不能有任何一種偏多或缺少。水不會勝過火，水會波濤洶湧到處流蕩。火不會勝過金，火受剋弱了會使人窮困苦惱憂愁害怕。命格中有三個辛金見一個丙，因『丙辛爭合』的原故，會金錢財富破散耗損。命格中有兩個壬見一個丁，卻是家道興隆的人。命格中有秀氣而無官星的壬，會在技藝上有巧技。命格中有財星但支上無通根者，是能達成經商志願的人。

【舉例】

1 三辛見丙兮，錢財破散

辛未
辛丑
日主 辛巳
丙申

日主辛巳生於丑月，干上有三辛一丙。支上巳丑會金局。干上丙辛相合，合去一丙，幸巳宮尚有丙祿，申中有壬水。以丙火為用神。丑未相沖，巳申相刑。雖有小日子過，但錢財易破散。家庭不和。

2 二壬見丁兮，家道興隆

辛酉
丁酉
壬辰
壬寅

日主

日主壬辰生於酉月。辰為龍。寅為虎。寅辰夾卯，支上兩酉沖卯。卯為天門，故此命局為『龍虎拱天門』格。天干上兩壬見丁。支上金木對峙。丁壬相合化木。寅辰代表東方，化氣可成。專用寅中甲木為用神。可家道興隆。

38. 一鬼不能勝兩官，一祿不能勝兩鬼

【原文】

甲居從革之方，風災困苦。金成潤下之局，萍梗他鄉。俱旺則從之所使，俱衰則變為他物。一鬼不能勝兩官，一祿不能勝兩鬼。五行落在本鄉，不貴則富。四柱臨於破地，非賤則貧。生旺為上，德秀為奇。身坐學堂，文藝清高之客。命臨鬼禍，徒流盜賊之人。祿內隱刑，定操兵戟於戎位。秀中見剋，必主案牘於公門。鬼休母旺，錢財奴馬多招。

【解析】

如果命格中有日主甲木居於西方(從革之方)，此句意指甲木生于酉月，會有風災及困苦的情形。命格中若是日主為庚辛金，卻格局成為『潤下格』(表示水多)，這是會若飄萍一般流落他鄉的人。命格中日主是居旺，格局也居旺時，則命運會被其人所主宰。如果日主衰弱，格局也衰弱，則會變作別的五行東西了。命格中一個鬼煞不能勝兩個正官。一個祿星不能勝兩個鬼煞(七煞)。『五行落在本鄉』是指『炎上格』、『稼穡格』、『潤下格』等的命格，日主五行與格局五行一致，氣勢磅礡，故是既貴且富之人。命格中四柱相互沖剋無財(臨於破地)，會是地位低賤或貧困的人。命格中以命局皆在生旺之位為上等，以品德秀美為奇品。如果命格中日主有學堂星入坐，此人就是具有文藝的清高文人。如果命格中日主有鬼煞面臨，則會是盜賊被流徙的命格。如果命格中的祿星隱藏著刑剋，一定會在軍事機關作有關打仗之事。如果命格中是有秀氣但受到刑剋，該人必然屬於在政府公家機關作文書工作的人。命格中鬼煞休止沒有了，印星很旺，這是富貴人家多奴僕的命格。

【舉例】

1 五行落在本鄉，不貴則富

癸卯
乙丑
日主　庚申
乙酉

日主庚申生於丑月，庚申為『已做好的劍戟之物』，害怕再有火多會燒壞。如果命格中有水局，或辛金、壬癸，則會劍器發亮，主貴。

巫咸撮要詳析

此命局中有二乙與庚爭合要化金。支上丑酉會金局，化金成功。為『從革格』。以庚金為用神。**這是亞馬遜集團的老闆貝佐斯(JeffreyPreston"Jeff"Bezos)的命格**。貝佐斯以1,120億美元身家在2018年富比士全球富豪排行榜中首次位居全球首富寶座。

2 鬼休母旺，錢財奴馬多招

乙未
己丑
日主　癸酉
乙卯

日主癸酉生於丑月。**這是日本江戶幕府第13代將軍**德川家定**妻子**篤姬**的命格**。癸酉是『從石中流出的泉水，水源清澈，源遠流長。』日主是『癸酉』

的人，多半是出生在皇親國戚或高官厚祿的家庭。一生也是清貴文人。此命局中有雙乙一己出干，但丑酉會金局是印局(母旺)。卯未會木局是食神、七煞。己土是七煞。金局生水旺，己土又被木剋(鬼休)。因此是『鬼休母旺』，錢財奴馬多招。

39. 藏暗祿者，官居極品

【原文】

鬼旺母衰，父母兄弟分散。官印兩全，秉旌旄（音同毛）而居武職。淑秀全備，應科甲而入文銓。藏暗祿者，官居極品。遇真官者，祿位非常。十干臨死絕病衰，賤居塵土。

【解析】

命格中有鬼煞旺而印星衰弱的命格的人，是父母兄弟分散各地的人。命格中有官星和印星兩者都有的人，會高舉著旗幟作軍人武職。命格中有賢淑秀氣全有的人，會考上科甲及第而進入政府機關作文職。命格中有支上藏暗祿的人，可作極品(最高品級)之官。命格中有真正的正官格的人，是具有高財富地位的人。命格在十干中在死絕病衰位置的人，會地位低賤或病亡。(可查前面『五行衰病死墓表』)

※十干是指甲、乙、丙、丁、戊、己、庚、辛、壬、癸。

【舉例】

1 官印兩全，秉旄旄而居武職

己未
辛未
壬辰 日主
甲辰

日主壬辰生於未月，**這是郝柏村將軍的命格**。干上有辛金印星、已土為官星。官印兩全，故是『秉旌旄而居武職』的人。支上雙『未』中有已土官星和丁火財星、及乙木傷官。支上雙『辰』中有戊土七煞、及癸水劫財。所辛有甲木出干能制戊已土，使壬水流暢。辛金能生水，故身旺不弱，能任財。此命格主要是『官印兩全』而從武職能居高位。

2 藏暗祿者，官居極品

丁亥
庚戌
日主 己巳
辛未

日主己巳生於戌月。這是**前總統蔣中正的命格**。己巳身臨旺地，干上有庚辛金透干，秋金會洩旺土之氣，必須有丙丁來救。以補足土之元神。此命格中有丁火透出干上，丙火藏于巳中，金神入火鄉。支上巳位夾午祿，藏有暗祿，故為大貴。官居極品為總統。壬藏於亥中，富不及貴，普通衣食而已。

40. 勾陳得位，居辰巳貴列三台

【原文】

五行在三奇庫墓，榮列縉紳。兩位鬼鄉逢倒食必為奴婢。一氣有歸遇，墓月定主孤貧。勾陳得位，居辰巳貴列三台。元武當權，逢亥子官封一品。癸見庚申居右職，辛逢戊子中高科。陰水遇秀失地者，身為僧道。陽火無歸遇水兮，定作凶徒。金到火鄉，財多聚散。旺水入南，家道盈昌。庚居三冬，水冷金寒，得火相扶，莫作等閒。破祿則亡，氣絕則病。時臨鬼位更逢沖，傷危不誣。臨官複加衰敗地，死絕無疑。

【解析】

命局中的五行在三奇乙丙丁的墓庫。乙的墓庫在『未』。丙丁火的墓庫在『戌』。如此可光榮列入高貴的縉紳階級。如果兩位（指月柱）鬼鄉（指有七殺）逢倒食（偏印），必為做奴婢之人。

如果命局中只有一種五行之氣，例如金氣或木氣。在月柱上逢此五行之氣的墓庫之字時，一定主孤貧。命格中時支上坐辰支稱為『勾陳得位』。若時支居辰巳，主貴，可做部長級人物。命格中壬癸水（元武）當令當權（主旺），如果逢到亥或子，能官封一品主貴。如果命格中有『癸水見庚申』，可居高職（右職：右者為大，故為高職）。

若命格中有『辛逢戊子』，可中榜政府高等考試。如果命格中有癸水（陰水）遇辛金（遇秀）卻在陷落衰弱之地（失地）的人，會做僧道之人。表示窮困沒有家庭。若命格是丙火(陽火)沒有歸於火氣(指『炎上格』)而遇到水，這是會做凶徒的命格。

在命格中日主是庚辛金的，干支上火多或有火局的，會錢財起伏聚散很多次。如果命格中日主是居旺的壬癸水，而支上有巳午(入南)。會家運亨昌富裕。如果命局中日主是庚金生於亥、子、丑月(三冬)，冬天水多金也寒冷，如果有丙丁火來相扶助，可暖命生財，千萬別小看它。

如果命格中有祿星，又有午酉相破，沖擊到祿星的，稱為『破祿』。運程走到會喪命。如果祿星的氣絕了則會生病。如果命格中時柱上有煞星逢沖，一定有傷災危險。命格四柱中，某柱有某個五行是臨官(極旺)之氣，又有其他柱的五行之氣在衰敗之地，這是會窮困而死的命運。

※**『勾陳得位』**：日干為戊己土，其時支上坐辰支，稱之。

※**『勾陳得位格』歌訣**：日干戊己坐財官，號曰勾陳得位看；若有天財分瑞氣，命中至此到朝班。勾陳得位會財官，無破無沖命必安。申子北方東卯未，管教佩玉帶金鑽。戊己勾陳得局清，財官相遇兩分明；月令歲運無衝破，富貴雙全享太平。

【舉例】

1 元武當權，逢亥子官封一品

壬午
壬子
日主 壬子
戊申

日主壬子生於子月。這是**大陸前國家主席胡錦濤的命格**。壬子是『氣勢滂沱的大水』。需要以煞制刃。命局中有三壬一戊出干。支上子水是壬水的陽刃。支上子申會水局。水多無制，幸而干上有一戊土可制水，『化煞為權』。正可謂『元武當權，逢亥子官封一品』。壬水是元武。身旺逢子刃是當權。主貴。

2 庚居三冬，水冷金寒，得火相扶，莫作等閒

乙卯
戊子
日主　庚戌
丁亥

日主庚戌生於子月，子月是三冬。干上有乙木財星、戊土偏印、丁火官星出干。支上卯亥會木局是財局。庚金生于子月，為病死之地。月令水旺洩

金氣，冬月水冷金寒，為了調節氣候，必須用丙丁暖命，才會有富貴。專用丁火為用神。**這是美國高爾夫球手老虎·伍茲的命格**。正是『庚居三冬，水冷金寒，得火相扶，莫作等閒』。

41. 三合六合，歲運合而必榮

【原文】

最貴者，官星為命財得偏正為福。最凶者，七煞臨身天赦二德為祥。官星如遇比劫，雖官無貴。七煞若逢滋助，其煞愈凶。三合六合，歲運合而必榮。七官八官，月建官而為喜。四合四刑，刑合當明邪正。

【解析】

命格最好的人，最貴者是命格中月柱有正官星，其他柱有正財及偏財都有得為有福氣。富貴都有。命格最凶的人，在命格中有七煞在月柱上，再有天德、天赦二星為吉祥。命格中如果有官星遇到比肩劫財，雖有工作但不主貴。命格中如果有七煞逢到滋助(七煞是偏官，財星會滋助生扶七煞)，其凶煞更凶。若命格中有三合(如申子辰等)或六合(寅亥六合等)，再有歲運(流年)與之相合，則必會榮盛。命格中有七個官星八個官星時，其實主要是月柱月支上有官星是最吉利有喜的。四合(指子午卯酉)四刑(指辰戌丑未)，五行中有相合的、有相刑的，要分辨清楚是好是壞?例如：合煞是壞的，合祿是好的。刑煞是好的，刑祿是壞的。

※天赦星取法

- 出生于寅、卯、辰月，見出生日柱為『戊寅』，則是天赦星入命。
- 出生于巳、午、未月，見出生日柱為『甲午』，則是天赦星入命。
- 出生于申、酉、戌月，見出生日柱為『戊申』，則是天赦星入命。
- 出生于亥、子、丑月，見出生日柱為『甲子』，則是天赦星入命。

【舉例】

1 最貴者，官星為命財得偏正為福

庚子
戊寅
日主　辛巳
丙申

日主辛巳生於寅月，辛巳為『石中璞玉』。具有水能使奇清澈發出光芒，稱為『雨後吐彩』。命局中要以干上有壬癸水透干的為上格。支中藏水的為次等格局。即使干上丙辛相合化水，也是最好的。命局中有丙辛從化，再見壬癸水出干更好。支上逢沖也為吉。

此命局中，有丙戊庚出干，丙戊皆在月支『寅』中為長生之地。故可稱『正官格』，也可為『正印格』。支上子申會水局。日時干上丙辛相合化水。

庚金既生助辛金，又生水局。寅中有甲木是正財。此命局正是『最貴者，官星為命財得偏正為福』。**此命局是日本新任天皇德仁的命格**。以『令和』為年號。大運甲運流年己亥年登上王位。

此命局中，日主辛金為溫潤之金，生於寅月為衰絕失令。辛金喜愛有濕泥滋養，因此用己土生金，可為強固其根本。其次用壬水沖刷，可顯其功用。正月寅中自有長生的丙火可解寒氣。但害怕甲木司權，會洩壬破己土而成為病灶。辛金為失令之金，不能剋制甲木，幸干上有庚金剋制。本來正月辛金之用神要以己壬為選用神為先擇條件。但命局中水多(子申會水局、丙辛相化合為水)，故用戊土(印星)制水。用財星甲木或印星戊土做用神皆可，走財運大發。土運較會使辛金不亮。所以德仁近幾年(甲運)會有作為。

2 七煞臨身天赦二德為祥

丁丑
甲辰
日主 戊寅
壬戌

日主戊寅生於辰月。命局中有甲木七煞出干，在月柱干上貼身刑剋日主戊寅。另有日主『戊寅』生於辰月有天赦星。丑年的天德在時支『戌』上。此即為『七煞臨身天赦二德為祥』。

此命局中，地支土多，『丑辰戌』中都是土，寅中也有戊土長生，只可惜不是『辰戌丑未』，亦不能做『稼穡格』。此命局有支上寅戌會火局，又有壬水出干，必須辛勤艱苦得到富貴。且是先貧後富之人。因為是壬水出干，不是癸水出干。此命局中，有甲木出干，支上寅辰夾卯為東方，專用丑、辰中癸水，財滋弱煞為用神。用癸水為用神。

42. 夾貴夾丘為暗會，財庫官庫要明沖

【原文】

七沖八擊，衝擊喜得會藏。夾貴夾丘為暗會，財庫官庫要明沖。官星在生旺之方，逢則何須發見。印綬藏孟仲之下，見而不用露形。

【解析】

在命格中沖剋多，有七沖八擊(四柱全盤都沖剋)，四柱中會沖剋的字，最好會隱藏起來。命格中有『夾貴格』、『夾丘格』其實是暗中會合。而財庫及官庫要明顯的沖剋，才會有用，能主貴。如果官星生旺，逢到會直接沖剋本命，無須躲藏被發現。印綬星藏在第二種或第三種五行之字之中(意指是

含用之氣），這是可看見而不用露形跡的。例如『寅』中藏甲、丙、戊之氣，我們一看『寅』就知道了，不用真看到火氣、土氣。

【舉例】

1 夾貴夾丘為暗會

己亥
癸酉
日主 辛酉
丙申

日主辛酉生於酉月，支上年月亥酉夾『戌』為『夾丘格』。因戌為乾土，比喻為山丘，故稱『夾丘格』。**這是任台灣副總統的賴清德的命格。**

此命局中，辛金生酉月，也是『建祿格』。此時辛金極旺，必須用壬水淼淘洗、洩秀氣。有水則可助金氣流通，不可剋制它。以傷官生財，以亥中壬水為用神。『夾丘格』是暗會。因相夾的『戌』字不在明面上故稱『暗會』。

2 官星在生旺之方，逢則何須發見

癸卯
庚申
日主　甲申
戊辰

日主甲申生於申月。這是**美國歌星惠妮休斯頓(Whitney Elizabeth Houston)的命格**。命局中有庚金官星出干，庚金又座於申上，庚祿在申，正是生旺之方。殺重。因高掛在干上，則是『逢則何須發見』。此命局中干上還有癸水印星，及戊土偏財星。支上申辰會水局，是印局。甲木在七月為秋木，亦為可收穫將之做成器具之木。如果庚丁並透干，可成大器。可是此命局中有庚無丁，故最多只是一富人而已。日主甲木座於申宮，休囚無氣，無丁火出干相制，無法『假煞為權』。因此一生起起伏伏。48歲乙木大運中藥物過量而亡。在四柱中也正好是甲木被庚金貼身相剋而亡。

43. 印綬得劫財為貴，財元喜傷官為奇

【原文】

印綬得劫財為貴，財元喜傷官為奇。傷官若見印綬，貴不可言。歸祿若遇食傷，福無限妙。年日互有陰陽二刃，刑法重犯。官煞混逢天月二德，祿位高遷。飛刃伏刃，會刃多凶。傷官剝官，見官為禍。羊刃若逢印綬，雖貴而殘疾在身。七煞無制逢官為禍而壽元不久。

【解析】

命格中若有印綬星，又有劫財星，這是主貴的。命格中有財星喜再有傷官星為少有之命格。命格中若有傷官見印綬，是極貴的命格。命格中若有祿

星或『日祿歸時』，若再遇到食神或傷官，會有很多妙福。命格中在年柱和日柱上互有陰陽二刃(例如甲刃在卯，乙刃在寅。也就是年柱及日柱上是甲寅、乙卯)，會是犯重刑的重刑犯。命格中若有官煞混雜的格局，又有天德、月德同在的，會有職位高陞的狀況。命格中若有飛刃和伏刃的，兩刃相會，多凶險。命格中有傷官不吉，會影響事業運途。更與正官相遇會有禍事。命格中若有羊刃再有印綬，雖主貴能當官，但會身體有殘疾。命格中若是有七煞沒有得到制衡，再遇正官星會有禍事，生命會不長久。

【舉例】

1 印綬得劫財為貴

戊子
癸亥
日主 乙丑
壬午

日主乙丑生於亥月，乙丑為『泥中剛植下之木』。喜歡氣候溫暖，有陽光、水來滋潤的環境。生在亥月，壬水司令，亥中有甲木長生，生助乙木。甲木是劫財。丙火在亥為絕地，冬季之乙木，必須有陽和日暖才會枝葉繁盛。

此命局中，有戊癸相合不化在干上，又有壬水在干上，地支上有『子亥丑』代表北方，一派水多，幸戊土出干，沒被癸水合去。用戊土制水，再以丙火調候為用神。此命局為『正印格』。因月支『亥』中有壬(印綬)、甲(劫財），干上壬水是印綬，故正合此句『印綬得劫財為貴』。**這是繼任安倍晉三為首相的菅義偉的命格。**

2 歸祿若遇食傷，福無限妙

戊辰
戊午
日主　丁酉
丙午

日主丁酉生於午月。這是**日本演員演《月薪嬌妻》的新垣結衣的命格。**命局中有丁火生午月，是『建祿格』。時支也是午，亦是『日祿歸時』。干上有雙戊是傷官，年支辰中也有戊土傷官、乙木偏印、癸水七煞。財星在丁火座下的配偶之位『酉』中。此命局正是『歸祿若遇食傷，福無限妙』。《月薪嬌妻》聽說要拍續集了。算是後福無限妙吧！

44. 煞化為印，早擢巍科

【原文】

三偏三正遇三奇，貴居一品之尊。四旺四生全四柱，福在眾人之上。煞化為印，早擢（音同濁）巍科。財旺生官，少受貽澤。官煞同來，要知扶官扶煞。偏正相會，須知合正合偏。

【解析】

人的命格中有三個偏財、三個正官，再遇三奇（乙丙丁），會主貴，居一品首相之人。如果命格中的四柱上有四旺（子午卯酉，子是水旺，午是火旺，卯是木旺，酉是金旺），及四生（寅申巳亥，寅是火土長生，申是水長生，巳是金長生，亥是木長生。）有這四生四旺全在四柱上的，福氣超過眾人很多。命格中如果有煞星化為印星的，很早就能受提擢考上高級公務員。命格中如果有財星很旺能生官星的人，會較少受到長輩或長官給的照顧恩澤，因為他會自己開創有利於他的新局。命格中如果有正官和七煞(偏官)同在命格中的，必須要考慮要扶助官星或煞星。因為有時煞星強旺也可『假煞為權』而主貴，掌握權力。命格中如果有正財或偏財一起出現，若要相合，須考慮哪一種相合的好？通常正財比較持久。

※**『三偏三正遇三奇，貴居一品之尊』**：此句亦可說是三個偏官(七煞)、三個正官，剛好遇到三奇(乙丙丁)，會貴為一品當高官。『乙丙丁』是天干

的五行。在地支上就是『卯巳午』。天干逢乙丙丁不易。地支乙丙丁三個偏官為『酉亥子』。

地支乙丙丁三個正官為『申子亥』。要遇到這些，實屬不易。要機緣巧合了。但要遇到三個偏財或三個正財的較容易的多。例如：乙丙丁的偏財分別是『己庚辛』。乙丙丁的正財分別是『戊辛庚』。

※**『四旺四生全四柱，福在眾人之上』**：此句『福在眾人之上』則未必。因為『四旺』是子午卯酉全四極，『四生』是寅申巳亥全四馬之地。命格若是這樣，雖貴為天子高官，但刑剋嚴重，會骨肉分離，家人離散不合或生離死別，豈能說是『福在眾人之上』？你看乾隆的命格就知道了。

【舉例】

1 四旺四生全四柱，福在眾人之上

辛卯
丁酉
日主　庚午
丙子

日主庚午生於酉月，酉為庚刃，丁祿在午，煞刃通根並透干。支上『子午卯酉』是四旺之地。包括子是水旺之地、午是火旺之地、卯是木旺之地、酉是金旺之地。同時子午卯酉也是四極。干上又有丙火七煞出干，獨煞為權。福在眾人之上。**這是清朝皇帝乾隆的命格。**

2 財旺生官，少受貽澤

乙未
丙戌
日主 壬戌
丙午

日主壬戌生於戌月。壬戌是『驟雨易晴』。是下了一場急促地雨之後又突然放晴了。這是此命格人的心境。在此命局中，有二個丙火偏財出干，另有一乙傷官在年干上。支上午戌兩會火局是財局。壬水在戌月為冠帶之位很旺，但也有戊土司權。整個命局是『財旺生官』。胎元又是丁丑。用壬癸水做用神。這是**微軟公司比爾·蓋茲的命格。**為世界首富之一。其父母財富及工作一般，無法貽澤給他。

45. 歸祿月逢羊刃，世事不明

【原文】

歸祿月逢羊刃，世事不明。金神運到水鄉，身屍分拆。暗中藏煞，須明月下用神。見處無財，必受空中禍害。羊刃更兼會合，千里徒流。用財若遇劫奪，一生貧窘。

【解析】

如果命格中是建祿月又遇到羊刃，此人會頭腦不清，世事搞不清楚。命格中日主是庚辛金(金神)，大運走到壬癸水運，如果忌神就是金水的，容易遇到傷災禍災而屍體身體分開拆壞。命格中如果煞星居於暗處，要先從月支上找用神。如果命格中表面上都看不到財星，必然會有禍害突然而至。如果命格中有羊刃，更兼會局或合局，則容易犯刑罰被流放很遠的地方。如果命格中用神是財星又遇到劫財來奪財，容易一生貧窮。

【舉例】

1 歸祿月逢羊刃，世事不明

甲寅
丁卯
日主　乙未
丙子

日主乙未生於卯月，卯月為歸祿月(建祿月)，但年干甲刃在卯，故稱『歸祿月逢羊刃，世事不明。』容易糊塗。由其在三十歲至四十歲走『卯』字的運程時候會做出糊塗之事。

46. 身弱如逢七煞流運，運到制伏必傾

【原文】

人生前定，窮達已分。須要識其消長，亦當究其始終。或有先貧後富，或有驟發而貧。或是白屋之公卿，或是朱門之餓殍。或一生長樂，或一世失所。當詳流運之源，要察行年之位。身弱如逢七煞，運到制伏必傾。身旺若逢福輕，運到衰敗必死。太歲與命不和，有災有病。四柱與歲相生，無禍無殃。身弱徒然入格，雖發早亡。福輕若遇休囚，必然傾夭。是以用神不可妄求，形跡自然發見，有福則當用彼，無時必是用身。禍害在於五門，福來存於運氣，福厚人所共同，如或傷原終困。此中消詳元妙，在我明通理推。

【解析】

人的一輩子是前生所定的(這是此文作者的意見)，貧窮或宏達早已劃分清楚。我們看命八字時必須要分辨五行的生旺消長，也要考究人命的開始與結束。在人的命運中，或有人會先貧困後富有，或有人一下子突然爆發富有了，而後又貧困了。亦或是窮苦人家的人努力當上了公卿。亦或是人住在官邸中卻很窮得像餓鬼。亦或是一生都很快樂。亦或是一輩子都流離失所。這就要詳批大運、流年的源頭了。先要看當年他幾歲，運氣走到哪裡？查明歲數走運的位置。

如果命格中命主身弱又逢到七煞運程，會被剋害傾倒。如果是命主身旺而逢到七煞運則福氣變輕變少。如果運氣到衰敗的地方，必會死亡。

人如果遇到太歲與自己的本命不合，會有災禍會有病災。如果人的四柱與歲運(流年)相生，沒有災禍也無病殃。如果命格中命主身弱，又突然入了格局，雖然會早發達但會早死。如果命格是福輕的人，又遇到本命五行休囚，必定是傾覆夭亡的。所以找用神不可以隨便找，用神的形跡自然會發現（多半在月支含用中）。用神在月支中是為有福，有用神就必須用它。無用神時，必然是用命主自己。災禍的事在于五行相剋，有福的事是存在於運氣走到之處。有厚福的人都一樣運氣好，如果有傷剋的人最終有困頓的時候。這命理中的消長奇妙要詳盡，在我明白的推理中解說清楚了。

※『**白屋之公卿**』：此語出處為清—吴浚《飛龍全傳》：『又道：寒門產貴子，白戶出公卿。況大哥名門貴族，那裡定得。』是指貧寒人家出傑出人才。

【舉例】

1 身弱如逢七煞，運到制伏必傾

辛卯
庚子
日主　丁丑
丁未

日主丁丑生於子月，子中有癸水，是丁火的偏官(七殺)。十一月的丁火，處於衰絕時期，必須有甲木附麗，則水多金多，也能成為上格。支見卯未會木局，也可生扶丁火，來引化官煞，使煞印相生。因此冬天生的丁火，是離不開木神做用神的。此命局為偏官格(七煞格)。**這是曾任中央研究院長胡適先生的命格**。大運到癸巳運(七殺運)時終壽。是『運到制伏必傾』。享年70歲。

2 福輕若遇休囚，必然傾天

庚午
庚辰
日主　癸卯
丙辰

日主癸卯生於辰月。辰為水墓。因此癸水為身弱休囚，但有雙庚出干能生水。癸卯是『山林中的澗水清泉。』故此日主的人，多半心地慈祥，胸懷瀟灑磊落，不似流俗的人。此命局中支上卯辰，類似東方，洩癸很重。但在大運癸未運燒炭自殺身亡。享年27歲。因為年柱及月柱的大運上財(火)太少了，雖然午辰夾巳，巳中暗藏丙火。仍無濟於事。**這是韓國歌手鐘鉉的命格。**

47. 絕，不能取生下之財

【原文】

又曰：絕，不能取生下之財，衰，不能敵旺中之鬼。逆制無情，順生可救。主無而本有，可救一半。日時俱逢二德，百事無凶，更值財官，定主豪富。主本有力，鬼可為官。主本無炁，官來作鬼。

【解析】

又說：在命格中五行遇絕處，不可以選用此衰弱絕處的五行所相生出的財星。命格身衰不能敵過旺鬼(七煞)，會被剋的嚴重。在命格中煞星在日或時，來逆剋年或月，這是逆制，這是無情的。如果有年生月，月生日，日生時，這是順生，這是可有救的。如果命格中主要的用神沒有，但本有(胎元有)，此種命格可救一半。如果命格中在日柱及月柱上一起逢到有天德、月德二德，所有的事都會逢凶化吉。如果命格中更有財星和官星，一定會是富豪之命。命主若居旺有力，鬼煞(七煞)可為官煞。因為七煞就是偏官。命主若沒氣不旺，正官也會變成鬼煞。因為正官原本也是相剋命主的。

【舉例】

1 主無而本有，可救一半

辛丑
甲午
日主　乙未
甲申

日主乙未生於午月，乙未是『泥中剛植下之木』，喜歡溫暖的陽光及水來滋潤。更喜歡財官、印綬來相呵護。此命局中有雙甲(劫財)一辛(七殺)出干，有甲木出干，相助日主，是『藤蘿繫甲』依靠甲木。支上午未代表南方火氣。五月的乙木很衰弱根莖枯萎，需要癸水來滋潤挽回。火氣又會洩木之氣，為『氣散之文』。專用丑中癸水做用神。因為是乙木柔弱，不可用壬水。喜的是胎元為乙酉，納音為『井泉水』，能助命。可說是『主無而本有，可救一半。』大運逢35歲開始的『戊戌運』時合去癸水，車禍亡故。享年36歲。生年只有好一半。**這是英國黛安娜王妃的命格。**

2 主本有力，鬼可為官

己亥
己巳
日主　戊寅
癸亥

日主戊寅生於巳月。這是**名畫家張大千的命格**。命局中有雙己一癸出干。支上寅亥六合。亥中有甲木七煞與壬水偏財，月支巳中有丙火梟印、戊土比肩、庚金食神。此命局是『官煞混雜』。而且地支上甲木七煞有三個之多，無正官，戊土生巳月火土旺，可稱身旺。亦可稱為『主本有力，鬼可為官』。以鬼官七煞為官星，努力可成。再以亥中壬水偏財爆發出名，而有好的生活。寅巳相刑，多次娶妻。巳亥相沖，家人離散。

48. 刑沖之法，提綱專用，須分炁淺炁深

【原文】

刑沖之法，仔細推詳。有刑出刑入，刑吉刑凶，有衝動，沖不動，沖合，沖不合之辨。干衰必定動搖來合，有情方為富貴。雜氣藏蓄，要定誰先誰後。提綱專用，須分氣淺氣深。

【解析】

命格論命中有用『刑沖之法』，就是用相刑、相剋之法以達到命局中的五行平衡。這種方法須要仔細推算考詳才行，不能用錯。命局中有刑出、刑入的看法(如注釋)，也有刑吉(相刑為吉)或刑凶(相刑為凶)，有沖擊則動，也

有沖不動的。還有沖合局，沖而使之不合的狀況之分辨。命格中若是天干衰弱必定會讓來相合的格局合不成而被動搖。能夠相合有情的財會有富貴。命格中有眾多雜氣藏在地支之中，要先認定哪一種五行之氣為先，哪一種五行之氣為後，相同的氣多的(例如金氣)為先。弱的少的為後。五行專用之氣大多以月令為提綱要領，看月支中的哪一種氣最多或最少，多者為氣深，少者為氣淺。

※**刑出刑入**：凡刑剋須分刑得入，刑不入。命中須分主客，以年為主，月日時為客，如主刑客，刑得入為貴，刑不入為賤。若客來刑主，須是刑不入方為貴，刑得入者即為賤。刑不入即為刑出。

※**《繼善篇》**：欲知貴賤，先觀月令乃提綱，次斷吉凶。專用日干為主本；三元要成格局，四柱喜見財官。用神不可損傷。日主最宜健旺。年傷日

干，名為『主本不和』。歲月時中，最怕殺官混雜。取用憑於生月，當推究於淺深；發覺在於日時，要消詳於強弱。

【舉例】

1 刑沖之法，仔細推詳。有刑出刑入，刑吉刑凶

壬申
丁未
日主　甲辰
庚午

日主甲辰生於未月，甲辰為『生長在水旁濕地的高大喬木』。需要火旺掃除陰溼。干上丁壬相合不化，因為支上是申辰會水局，不是木局。甲木是泡在水中容易傾倒，無戊土固定。生在未月，未是木墓，木氣很弱。雖然未中有己土是甲木的正財，時支午中也有己土正財，但財太弱。有庚金貼身刑剋日主甲木，這是客剋主，為『刑入』。此命局為『傷官格』，用財星做用神。取辰中戊土為用神。此命局中盡是傷官、梟印、七煞、偏財混雜，格局也不純粹。為下賤命格。此為日本牛郎店(俗稱鴨子店)的負責人**松尾風雅**(ROLAND)，號稱『現代ホスト界の帝王』(現代人夫之王)的命格。目前其也為藝人。

2 提綱專用，須分氣淺氣深

丙申
丙申
日主　庚午
壬午

日主庚午生於申月。這是台灣總統**蔡英文的命格**。所謂的『提綱專用，須分氣淺氣深』，提綱是指月份，月份(月支)中的五行之氣要是日主可用的，還要旺才行，這是身強，才能抵抗煞制及任財。申月的『申』中是庚祿及水長生之地。恰是日主和時干上庚壬的根，所以是根深蒂固，自然能抗拒年月干上的兩個丙火七煞。所以月份生的是很要緊的。有了七煞才能強勢競爭，才能凶過別人。用官煞午中丁火(正官)做用神。

49. 月建財官印綬分野歸元，造化中和為吉

【原文】

一陽來復，木火用而水藏。一陰如生，火土盛而金伏。將來者進，遇之有功。成功者退，得之何益。月建財官印綬，時作分野歸元，或補其不足，或抑其太過，要造化中和為吉。

【解析】

冬天子月是『一陽來復』(子時也可稱為『一陽來復』)，要用木火溫暖命格，冬日水多要收藏起來。夏至一陰生以後，火土旺盛而金隱伏起來(金死於夏，為最衰之時)。把來復的陽氣或陰氣收進來，遇到了算是對四季有

功勞。陰陽二氣在命理上顯示成功了就退居幕後，即使要用它也無大益處。如果命格中在月柱上有財星、官星和印綬，就用時柱來做劃分歸類為哪種五行之氣。或用時柱來補足前三柱所缺失的五行之氣。或用時柱上的五行之氣來抑制太超過的五行之氣。必須要命格結構中和不偏為最吉。

※**一陽來復**：天地間有陰陽二氣，每年至夏至日，陽氣盡而陰氣始生；至冬至日，則陰氣盡而陽氣開始復生，謂之『一陽來復』。見《易．復》孔穎達 疏。

【舉例】

1 一陽來復，木火用而水藏

戊寅
甲子
日主 乙丑
丙戌

日主乙丑生於子月，有丙出干，寅中有丙火長生。支上寅戌會火局。子丑相合，又有戊土出干制『子』中癸水。戊土有有甲木制之。癸水有丑中辛金生之。四柱體和。故主貴命，有大富貴。

2 月建財官印綬，時作分野歸元

庚寅
辛巳
日主 乙巳
庚辰

日主乙巳生於巳月。巳月生乙木，自有丙火得祿。因丙火在臨官之位，而水至巳宮為絕地，必須有庚辛金來輔佐生水。此命局中有雙庚一辛出干。月支上『巳』中有丙火傷官、戊土正財、庚金正官。月干辛金是偏官七煞。官煞都有可以掌權。此命格最好的是時柱是庚辰，可穩固柔弱的乙木。四柱沒有水，胎元是壬申，剛好為乙木解渴。再由庚金生之。用神還是用辰中癸水為用神。這**是曾任總統府秘書長陳菊的命格。**

50. 最忌日干沖運，所喜運干生日干

【原文】

又曰：三元定命，先詳四柱有無五行成格，次論命運強弱。如身弱財旺，須假身強之鄉。若身旺祿衰，卻喜祿生之地。印生為福，畏見財鄉。煞在柱中，煞不宜旺。命無財祿，運逢祿馬則災。原有傷官，再遇官鄉則禍。最忌者，日干沖運。所喜者，運干生日干也。但看有情無情，合與不合，凶會吉會消詳。且如原有害刃，則骨肉殘傷。原有傷煞，地支死絕，加以運中祿馬俱弱，禍不旋踵。更以流歲抑揚禍福，無有不准。若逢建祿之地，名為祿馬俱絕，壽限難逃。內有祿絕而發，比肩而耗。氣有淺深，格有成壞，不可執一推之。

【解析】

又說：以天元、地元、人元為三元來看命。首先要弄清楚四柱上有沒有五行成為格局的？其次要談論日主命運的強或弱。如果日主身弱而財旺，必須要增強日主使之生旺。倘若日主身旺但祿星衰弱，就最喜歡有生祿星的干支。命格中有印星生日主是有福的，但怕見財星或財局(因為印多用財星來剋制)。命格中若有煞星在柱上，煞星最好不旺。命格中若無財星或祿星，大運或流年逢到祿星帶馬則會有災。命格中原先有傷官，再遇到官星則有災禍。最忌諱的是：命格中有日干沖剋大運。所高興的是：大運的干支生日干最好。但也要看有幫助或無幫助，或相合不相合。如果是凶運會吉的日干，好運會消失。並且如果原先有陽刃(害刃)，則會有骨肉(家人)殘落受傷。如果命格中原有傷官和七煞，其地支右在死地或絕地，再加上大運中祿星與驛馬星都很弱，災禍旋踵很快就來。更要以流年來抑制災禍提升福氣，則沒有不靈驗的。命格中倘若碰到建祿的地支，卻稱為祿星與驛馬一起在絕處，這是生命壽限到死期了，很難逃得掉。命格中亦有沒有祿星而爆發的。有比肩而耗財的(比肩是同類兄弟，類似劫財)。命格中的五行之氣有深、有淺。人生格局有成功的有壞的，不可固執一種來推斷之。

※**三元**：以天元、地元、人元為三元。天元又稱天干。地元又稱地支。人元為十二地支所藏含用為人元。

【舉例】

1 如身弱財旺，須假身強之鄉

癸酉
辛酉
日主 丁丑
甲辰

日主丁丑生於酉月，丁酉為『有玻璃罩的灯光』。生於白天也性格清亮。此命局中丁火生八月，身弱。有癸辛出干，幸而有辛隔癸，不致日主丁火受癸(七煞)所刑剋。支上丑酉兩會金局，辰酉也合金局。遍地是財。幸有時干上印星甲木出干，支助丁火，使丁火能任財。全局中甲木也是主貴的關鍵，因此富貴兩全。用丁火為用神。**這是臺灣企業家辜濂松的命格**，曾任中國信託金融控股公司董事長、及中華民國總統府資政。多次代表臺灣參加亞太經合會（APEC）等企業領袖外交會議。

2 最忌者，日干沖運

庚子
甲申
日主　壬申
己酉

日主壬申生於申月。有庚、甲、己出干。日主壬申原本就是『水滿渠成，生生不息』。壬水長生於申，母旺子相。壬水有急衝奔騰的性質。有庚金制甲，四柱無丙丁，為『潤下格』。如果有一戊土官煞，獨煞為權，會有高官顯職，也會有配偶老公。目前是旺水無制，無戊土做堤防，導水入海。其實她在四十歲前都是財來財去，這十多年才累積財富的，她會在火土年大進財，在金水年耗財。她目前正走戊運，但日干沖運(壬水沖戊土)。不知道金水年是她的坎點，因此突然睡夢中過世。**這是藝人羅霈穎的命格**。

51. 論三奇

【原文】

《珞錄子》曰：「奇為貴也；奇者，異也。」謂物以貴為奇也。乙丙丁出於貴人干德配支之妙，陰貴甲德起子，則乙德在丑，丙德在寅，丁德在卯，三干相連而無間。陰貴甲德起申、乙在未，丙在午，丁在巳，三間相連而無間，以其隨貴人在天，故曰「天上三奇」，十干惟此為異，余則或間羅網，或間天空，或不重臨，又不相聯，不可以為奇。《玉霄寶鑑》謂古人以正月為歲之始，日出於乙，故以乙為日奇；老人星見為瑞，見於丁位，故以丁為星奇；月照夜到丙位而天下明，故以丙為月奇。若甲戊庚亦以為天上三奇，以甲戊庚俱臨丑未，乃貴人家在(己丑)斗牛之次，出乎(己未)井鬼之舍，先後天起貴而三干適臨之，與別干不同，其理亦通。

【解析】

《珞錄子》一書說：「以新奇的為貴命。新奇的，是指相異、不同之謂。」即所謂物以稀為貴為新奇的意思。乙丙丁是從天干配地支有吉德的而形成貴人的稱為『奇』。陰貴以甲德從子開始，順數乙德在丑位，丙德在寅位，丁德在卯位，乙丙丁三干相連沒有間斷。陰貴甲德從申開始，乙在未，丙在午，丁在巳，地支的乙丙丁三間相連，也是沒有間斷的。並且以其隨天干的貴人而相應，故稱『天上三奇』。十干只有以此為不同。其他會有羅網或天空相隔。又或不重複相臨，或又不相連，故不可以為奇。

《玉霄寶鑑》裡說：古人以正月為一年的開始，日出於乙，所以乙為『日奇』。看到老人星為祥瑞。通常在『丁』的位置(南方)可看到老人星。所以以『丁』為『星奇』。月亮在夜裡照亮，當月亮到丙位(南方)時月就特別明亮了(月到天正中)。所以稱『丙』為『月奇』。所謂甲、戊、庚也稱作『天上三奇』。是因為甲戊庚在天干上，故稱天上。這是因為甲的陽貴人在未，陰貴人在丑。戊庚的陽貴人在丑，陰貴人在未。這三者的貴人星都在丑、未的關係。貴人星主要座落在牽牛星之間己丑(其分野在揚州)附近。超出了南方七宿的井宿和鬼宿的位置。先天起貴人跟後天起貴人而甲戊庚三干都剛好在丑未，與別的干不同，這個道理是通的。

※**老人星**（α Car/ 船底座α，/kəˈnoʊpəs/），也稱為南極老人星、壽星，是南天船底座中最亮的恆星。老人星的視星等是-0.72等，是全天第二亮星，僅次於大犬座的天狼星。它距離太陽系310光年。

※**斗牛之次**：中國古代天文學家對星辰的劃分為十二星次。為了說明星辰的運行和節氣的變換，也是將黃赤道附近的一周天按由西向東的方向分為

十二個等分，以冬至日為開頭，叫做星次。與十二辰相配為丑，與二十八宿相配為斗、牛、女三宿。《爾雅》所載標誌星為斗、牛。分野主要在吳越，屬揚州。

《左傳·襄公二十八年》："歲在星紀，而淫于玄枵。"杜預注："歲，歲星也，星紀在丑，斗牛之次，玄枵在子，虛危之次。"《爾雅·釋天》："星紀，斗、牽牛也。"郭璞注："牽牛斗者，日月五星之所終始，故謂之星紀。"《晉書·天文志》："自南斗十二度至須女七度為星紀，於辰在丑，吳越之分野，屬揚州。"據《漢書·律曆志》載，日至其初為大雪，至其中為冬至。明末後譯黃道十二宮的摩羯宮為星紀宮。星紀，是十二星次之一。

※**井鬼之舍**：中國古代劃分星區體系的主要為二十八宿，古人把沿黃道、赤道附近的星象，劃分成二十八個部分，每一部分叫做一宿，合稱二十

八宿，又名二十八舍或二十八星。二十八宿從角宿開始，自西向東排列，與日、月視運動的方向相同：

東方七宿：角、亢、氐、房、心、尾、萁。

北方七宿：鬥、牛（牽牛）、女（須女）、虛、危、室（營室）、壁（東壁）；

西方七宿：奎、婁、胃、昴、畢、觜、參。

南方七宿：井（東井）、鬼（輿鬼）、柳、星（七星）、張、翼、軫。

1. **井宿**，《史記・天官書》：“東井為水事”，井宿八星的形狀有如一個水井，故名。井宿屬於雙子座，其中最亮的是井宿三（雙子gamma），是二等星。井宿三與北河二，北河三（即雙子alpha和beta）組成了一個等腰三角形。

2.鬼宿，又稱『輿鬼』。鬼宿屬於巨蟹座，鬼宿四星（巨蟹gamma，delta，eta，theta）均為四，五等的小星。其中央的所謂積屍氣，是一個星團，西方稱之為蜂窩（Beehive），學名是M44。伽俐略曾認為積屍氣是一顆星，當他率先用望遠鏡對這一星團進行觀測後，發現裡面有四十餘顆星，不禁為之驚訝。一千多年前夏至點位於巨蟹座（Cancer），夏至日太陽直射在北回歸線上，因此西方把北回歸線稱為Tropic of Cancer。目前金星正運行在M44附近。

【原文】

《三車一覽》以甲為陽木之魁，戊為陽土之君，庚為陽金之精，地有此三物為奇，謂之地之奇，其說太鑿，《太乙經》以辛壬癸為水奇，謂之人間

三奇，其說無據，但辛壬癸天干連珠，謂之三台，亦為難得。《紫虛局》又有四奇之說。夫奇，奇數也，四則偶矣，謂之奇，可乎？三奇要順布，不欲倒亂，如乙丙丁、甲戊庚，天干年月日時順布為吉。《廣錄》又以乙人丙月丁時，是乙生丙丁，秀氣下降，主平常。若乙時丙日丁年，是秀氣上達，反為貴，似又不論順逆。

【解析】

《三車一覽》的書中以『甲木』為陽木之首，以『戊土』為陽土之君主（為首），以『庚金』為陽金之精華（首要）。地上有此三個物品為優等，稱為『地之奇』。這種說法很明確。《太乙經》以『辛壬癸』為『水奇』。說是人間三奇。這種說法沒有根據。但是『辛壬癸』在八字四柱天干上連珠，稱為『三台』（指可做部長級人物），也是非常難得的。《紫虛局》一書又有四奇之說。說『奇』是指奇數(單數)，四則是偶數，稱為『奇』，可以嗎？『三奇』要順著排，不能顛倒亂排，例如乙丙丁，或甲戊庚，在天干上四柱年月日時順著排才吉利。《廣錄》一書又以乙年生人，生於丙月，又生於丁時，這是乙木生丙丁火，會秀氣下降，主其人為平常人。倘若是四柱有乙時、丙日、丁年，這是秀氣向上，反而主貴。這又好像不講求順排或逆排了。

【原文】

甲戊庚卻以順者為貴，逆者福慢，亂者不壽，氣清則貴，氣濁則富。經曰：五行各有奇儀，須分逆順。若日月倒亂，得順三奇，亦不謂倒命。有三奇，要得體得地，不欲失時。如乙丙丁夜生，甲戊庚晝生，得體；乙丙丁柱有亥，則三光有所依附，甲戊庚柱有申，則三物有所憑籍；或乙丙丁得丑寅卯未午巳，甲戊庚得丑未金，皆為得地。三奇再遇三合，如乙丙丁得金水局，

甲戌庚得水火局。又遇六儀，甲子旬戊，甲戌旬己，甲申旬庚，甲午旬辛，甲辰旬壬，甲寅旬癸，俱吉。《珞錄子》云：「重犯奇儀，蘊藉抱出群之器。」《遁甲》曰：「順布三奇，逆六儀。」如命出甲子、甲申二旬遇甲戌庚，是重犯奇儀也。

【解析】

『甲戌庚』的三奇卻是以順排者為主貴，逆排者會得福較慢。甲戌庚在四柱上排列亂者會不長壽。所謂五行之氣清澈的人則主貴命，會有成就。五行之氣混濁的人則主富命。經書上說：五行之氣各有三奇六儀(奇儀)，三奇是乙丙丁，六儀是戊己庚辛壬癸。其排列組合須分逆排順排，倘若乙丙丁從日月年這樣排算，得出順三奇，也不算倒命。命格中有『三奇』，要得體得地有規矩，也不會失時(指日主身弱)。例如有三奇乙丙丁出生於夜晚的人，或有甲戊庚出生在白天的人，算是得體(合格)。如果命格中有乙丙丁，四柱支上有亥，則三光(指乙丙丁)有所倚靠。倘若命格中有甲戊庚，四柱支上有申，則甲戊庚能通根到底，有所支撐。或是命格中有乙丙丁，支上再有丑寅卯未午巳，或是命格中有甲戊庚，支上再有丑未金，這些都算得地合格。如果三奇再遇到三合局，例如命格中有乙丙丁，支上再有申子辰會水局，或巳酉丑會金局。亦或是命格中有甲戊庚，支上再有申子辰會水局，或寅午戌會火局。又遇見六儀戊己庚辛壬癸，甲子旬裡有戊，甲戌旬裡有己，甲申旬裡有庚，甲午旬裡有辛，甲辰旬裡有壬，甲寅旬裡有癸，這些都是吉利的。

《珞錄子》一書說：『命格中多次有三奇六儀，是暗藏著有出類拔萃、脫俗出群有大成就之氣魄的人。』《遁甲》一書說：『三奇要順著排列，六儀要逆著排列。』如果命格是在甲子或甲申兩旬的，再遇甲戊庚，就是重複的帶有三奇六儀了。

【原文】

凡命遇三奇，主人精神異常，襟懷卓越，好奇尚大，博學多能。帶天乙貴者，勳業超群；帶天月二德者，凶災不犯。帶六儀者，才智出類。帶三合入局者，國家柱石，帶官符劫煞者，器識宏遠。帶空亡生旺者，脫塵離俗，富貴不淫；威武不屈，值元辰、咸池、衝破、天羅地網者，為無用。論三奇，太歲不帶而月日時帶，主孤獨。詩曰：「順十干神乙丙丁，神童及第播聲名；日時祿馬公卿煞，換武除文佐聖明。」又曰：「順十干神甲戊庚，兼得長生兩府名；若然無祿兼無馬，只是財中蓄積人。」又曰：「三奇須是重逢貴，方是榮華福壽人；只有空奇無貴地，貧窮下賤被欺凌。」又曰：「乙丙丁、甲戊庚，上局相生生復生，不是蓬萊三島客，也應金殿玉階行。」又曰：「欲識岩廊官赫奕，名仙多誕癸壬辛，三奇玉藉傳消息，輕薄時師莫與評。」合諸詩觀三奇，喜忌見矣。

【解析】

凡是命格中有三奇『乙丙丁』的，主其人特別有精神，腦清目明，心胸寬大，超塵脫俗，對世間的事都有好奇心，崇尚做偉大的事。並且博學好學，多學多能。命格中帶有天乙貴人的人，對世人的功績勳業是很大的。帶天德及月德的人，不會遭到凶險的事。命格中有六儀『戊己庚辛壬癸』的人，才能智慧都出類拔萃。命格中帶有三合局(寅午戌、申子辰等)成格局的人，是國家的棟樑砥柱人才。命格中帶有官符、劫煞的人，是氣宇與見識都宏大看得遠的人。命格中帶有空亡又生旺的人，是遠離俗世脫離凡塵的人，而且看待淡富貴，即使武力威嚇也不屈服。命格中帶有元辰、咸池、衝破、天羅地網的人，為無用之人。

就三奇來說，如果生年(太歲)沒有，而月日時上帶三奇乙丙丁，主其人孤獨。詩曰：『十干中乙丙丁順著排，會是神童考試中榜，名聲遠揚。日時尚有祿馬，會做公卿，若帶煞氣，就會棄文從武做武職輔佐領袖。』又說：『十干中甲戊庚順著排，有長生會得到學堂和詞館的好名聲。假若命格中沒有祿星或驛馬，只是會蓄積財富的人罷了。』又說：『命格中的三奇必須是重複出現才主貴。這種才是有富貴榮華又多福壽的人。倘若只有三奇不落貴地而落空亡，就會是貧窮地位低又被欺負凌辱的人。』又說：『乙丙丁、甲戊庚，命局要依次相生為上局，這樣的話，即使不是瀟灑自在的隱士，也會是做政府高官走一圈的人。』又說：『要知道認識光明顯赫皇帝身旁掌宿衛的官很不容易，有名的仙人多半誕生於天干有『癸壬辛』的日子。三奇是天上天帝所傳來的消息，是不可隨便輕佻浮薄的加以評論的。』綜合上述各詩來看三奇，其有益的及好壞優劣的重點都知道了。』

※兼得長生兩府名：兩府指學堂和詞館。學堂者，如人讀書之在學堂；詞館者，如今官翰林，謂之詞館，取其學業精專，文章出類。長生乃學堂之

正位，如金命見辛巳，金長生在巳；辛巳，納音又屬金是也。

※欲識岩廊官赫奕：岩廊，職官名。掌宿衛侍從。續漢書志·第二十五·百官志二：『羽林郎，……本武帝以便馬從獵，還宿殿陛岩下室中，故號岩郎。』赫奕：光明顯盛的樣子。文選·何晏·景福殿賦："赫奕章灼，若日月之麗天也。『唐·薛調·無雙傳：" 時震為尚書租庸使，門館赫奕，冠蓋填塞。』

52. 論天月德

【原文】

夫德者，利物濟人、掩凶作善之謂也。天德者，謂周天有三百六十五度二十五分半，除十二宮分野，每宮各占三十度，共計三百六十度，外有五度二十五分半，散在十二佐宮甲、庚、丙、壬、乙、辛、丁、癸、乾、坤、艮、巽，謂之神藏煞沒。每宮各得四十四分，所以子午卯酉中有甲庚丙壬，辰戌丑未中有乙辛丁癸，寅申巳亥中有乾坤艮巽，此十二位宮，能回凶作善，乃曰天德也。月德者，乃三合所照之方，日月會合之辰，申子辰會酉出，庚入垣於壬；亥卯未會幹出，丙入垣於甲；寅午戌會卯出，甲入垣於丙；巳酉丑

會子出，壬入垣於庚，故壬甲丙癸謂之月德，而辰未戌丑四月，天德亦同屬焉。蓋日月照臨之宮，凡天曜地煞，盡可制服，故可回凶作吉。

【解析】

所謂『德』的意思，是有利物的增長增多，對人有幫助。另一方面要做有利善良的事，除去或掩蓋壞的不好的事。所謂的『天德』，是講一個圓的周天有三百六十五度二十五分半，分成十二宮，每宮分別占三十度，共計三百六十度，另外餘有五度二十五分半，散在十二佐宮(十二宮旁邊的宮位)甲、庚、丙、壬、乙、辛、丁、癸、乾、坤、艮、巽，謂之神藏煞沒(神煞都躲起來了)。每宮各得四十四分，所以在『子午卯酉』中有『甲庚丙壬』，在『辰戌丑未』中有『乙辛丁癸』，在『寅申巳亥』中有『乾坤艮巽』。這十二個宮位，能去除凶惡做善事，故稱為『天德』。

所謂『月德』，是有三合方相互照會，也是日月會合之星辰，例如：申子辰會水局有『酉』出，『庚』入垣於『壬』；亥卯未會木局干上有木出干，所以丙入垣(進入木的範圍)於『甲』；寅午戌會火局有卯出，所以甲入垣(進入丙的範圍)於『丙』；巳酉丑會金局有『子』出，『壬』入垣於『庚』，故『壬甲丙癸』謂之『月德』。而『辰、未、戌、丑』四月，『天德』亦同屬焉。這是因為有日月照臨的宮位，凡是天曜地煞(一切煞星)，全都可以制服，故可以化險為夷，擺脫凶惡成為吉利之態。

【原文】

閻東叟云：貴神在位，諸煞伏藏；二德扶持，眾凶解散。凡命中帶凶煞，得此二德扶化，凶不為甚；須要日上見，時上不犯克沖刑破，方吉。凡人得之，一生安逸，不犯刑，不逢盜，縱遇凶禍，自然消散。與三奇、天乙貴同

並，尤為吉慶。或財官、印綬、食神變德，各隨所變，更加一倍之福。入貴格，主登科甲，得君寵任；或承祖蔭，亦得顯達。入賤格，一生溫飽，福壽兩全；縱有蹇滯，亦能守分固窮，不失為君子。女命得之，多為貴人之妻。《三命鈐》云：天德者，五行福德之辰，若人遇之，主登台輔之位，更有月德並者，尤好；縱有凶煞，亦主清顯。《子平賦》云：「印綬得同天德，官刑不犯，至老無殃」。是天德勝月德也。

【解析】

闍東叟說：有貴神在命格中，所有的煞氣都會隱符躲藏起來。有天德、月德二德來扶助，所有凶惡的事都會解除消散。凡是命格中帶有凶煞星的人，得到此天德和月德的扶助及化解，就不會太凶。必須要在日柱上有二德，時柱上不能有相沖、相剋、相刑、相破，這才為吉利。凡是人的命格中有此二德，一輩子會過安逸的日子，不會犯刑罰，不會碰到盜匪搶劫。縱然愈到凶惡的災禍，也自然會消滅退散。二德與三奇和天乙貴人一起，特別吉利有慶祝之事。或者是二德又和財官、印綬、食神變德(食神變有用)，各隨所變，更加一倍以上之福。命格中有二得和這些星，能進入貴格的人，會考試高中，得到領導者的寵信任命，成為一堂堂君子之人。如果是女性的命格，多半為官太太。《三命鈴》一書說：所謂『天德』者，是五行中帶有福氣的星曜。若人遇到命格裡有，可能會登上政務官的位置。若更加有月德一起並坐命的，由奇特別好！縱然有凶煞星同在，還是能成為清廉顯貴之人。《子平賦》上說：『印綬和天德一起，官司刑罰不會犯，從年輕到老都無災殃。』這是天德勝過月德。

【原文】

考大統歷，有天月德合，乃五行相契之辰。月備合，如正月丙與辛合，二月甲與己合，三月壬與丁合，四月庚與乙合，余照此。天德合，如正月丁與壬合，二月坤與巽合，三月壬與丁合，四月辛與丙合，余照此。

有月空，如寅午戌月壬，亥卯未月庚，申子辰月丙，巳酉丑月申。

有月厭，正月戌，二月酉，三月申，四月未，五月午，六月巳，七月辰，八月卯，九月寅，十月丑，十一月子，十二月亥。

有月煞，寅午戌月丑，亥卯未月戌，申子辰月未，巳酉丑月辰。

有天赦日，春戊寅，夏甲午，秋戊申，冬甲子，乃四時專氣，生育萬物，宥罪赦過。如人命聚一月德秀合空及四大吉時生，更遇天赦日，尤妙。

此外又有天喜神，春戌，夏丑，秋辰、冬未，遇者主歡欣。有旌德煞，如寅午戌、丙日進，亥卯未、甲日時，申子辰、壬日時，巳酉丑、庚日時。

【解析】

考證大統曆法，其中有天德月得相合，這是五行中相契合的星曜。在月德相合，例如正月時丙與辛相和化水，二月是甲與己相和化土，三月是壬與**丁相合化**木，四月庚與乙相合化金，其餘的依照此推論。天德相合，例如正月丁與壬相合，二月坤(申)與巽(巳)相合，三月壬與丁相合，四月辛與丙相合。其餘依照此推論。

有月空，例如寅午戌月：月德在丙，月空在壬；申子辰月：月德在壬，月空在丙；巳酉丑月：月德在庚，月空在甲；亥卯未月：月德在甲，月空在庚。

有月厭，在正月的戌日，二月的酉日，三月的申日，四月的未日，五月的午日，六月的巳日，七月的辰日，八月的卯日，九月的寅日，十月的丑日，十一月的子日，十二月的亥日，皆是月厭日。

有月煞，在寅午戌月的丑日，卯亥未月的戌日，申子辰月的未日，巳酉丑月的辰日。

有天赦日，春天的戊寅日，夏天的甲午日，秋天的戊申日，冬天的甲子日。這是四季專旺之氣的時候，可使萬物生育繁殖，要赦免所有的罪過。例如有人的命格是聚集月德天得相合，以及四大吉時(指艮巽坤乾等日，艮是寅日，巽是辰日，坤是申日，乾是戌日。)出生，更要遇到天赦日更好。

此外還有**天喜神**，春天的『戌』字、夏天的『丑』字，秋天的『辰』字，冬天的『未』字，命格中遇到了都主歡欣快樂。

有旌德煞，例如寅午戌月見丙干。亥卯未月見日時干上有『甲』。申子辰月見日時干上有『壬』。巳酉丑月見日時干上有『庚』。

※**月空：**是擇吉中的吉神。月空適宜：給人出謀劃策、寫公文書法奏事、陳述言辭。

月空的位置：寅午戌月，月空在『壬』；申子辰月，月空在『丙』；巳酉丑月，月空在『甲』；亥卯未月，月空在『庚』。

月空就是與月德對沖的天干方位：寅午戌月：月德在『丙』，月空在『壬』；申子辰月：月德在『壬』，月空在『丙』；巳酉丑月：月德在『庚』，月空在『甲』；亥卯未月：月德在『甲』，月空在『庚』。

※**月厭**：風水術語，陰建之辰，是陰陽二氣消長的根源。所值之日宜消災解難，祭祀祈福，驅除疾病，忌嫁娶、遠行、遷徙、回家。

※**月煞**：月煞所帶來的災厄有陰性的本質，常主與女性親屬有關。必須見煞忌諸曜沖會，性質始覺嚴重；若無煞曜，則來得比較溫和。

※**旌德煞**：經云：『一神主旌德、五世不貧窮，內有旌鉞煞、將相及三分。德、鉞相會，不貴則富。』

看法如下：子月支見壬干。子月支見丁干。丑月支見乙干。丑月支見庚干。

●寅月支見辛干。寅月支見丙干。卯月支見甲干。卯月支見己干。
●辰月支見丁干。辰月支見壬干。巳月支見乙干。巳月支見庚干。
●午月支見丙干。午月支見辛干。未月支見己干。未月支見甲干。
●申月支見壬干。申月支見丁干。酉月支見乙干。酉月支見庚干。
●戌月支見丙干。戌月支見辛干。亥月支見甲干。亥月支見己干。

【原文】

有旌鉞煞，如寅午戌、寅時，亥卯未、亥時，申子辰、申時，巳酉丑、巳時。又，寅午戌見辛，亥卯未見己，申子辰見丁，巳酉丑見乙，亦謂之旌德。經云：「一神主旌德，五世不貧窮；內有旌鉞煞，將相及三公。」德鉞相會，不貴即富。

又有一種旌鉞煞，寅卯辰人見癸酉，巳午未人見癸卯，申酉戌人見戊子，亥子醜人見戊午，乃四時專主誅戮之神，庶人主徒配；克本命，主惡死。

又有一種三公煞，寅午戌人壬子，巳酉醜人丙午，申子辰人乙卯，亥卯未人辛酉，乃坐四方專氣來克生年，為五行毒氣，庶人犯之，主非橫惡死。若旌鉞更與三公煞會同一位，主殊貴。今之談命者論月德而諸煞不論，自是偏見，因並及之。

【解析】

有旌鉞煞，例如寅午戌月的『寅時』。亥卯未月的『亥時』。申子辰月的『申時』。

巳酉丑月的『巳時』。又另外有：『**旌德**』，是寅午戌月見地支有『辛』，亥卯未月地支見『己』，申子辰月地支見『丁』，巳酉丑月地支見『乙』，稱為『**旌德**』。經上說『命格中有一個**旌德星**，家人會有五代都不貧窮，命格中有**旌鉞煞**，至少有三分將相之才。』命格中有**旌德星**和**旌鉞煞**都有的人，不主貴即主富，都是富貴之人。

還有一種**旌鉞煞**，是寅卯辰年生人見月日時柱有『癸酉』，巳午未年生人見月日時柱有『癸卯』，申酉戌年生人見月日時柱有『戊子』，亥子丑年生人見月日時柱有『戊午』。這是四季專門主殺戮的煞星，老百姓遇到會有徒刑及發配遠方。此煞星會刑剋本命，主惡死。

還有一種**三公煞**，是寅午戌年生人月日時柱上有『壬子』，巳酉丑年生人月日時柱上有『丙午』，申子辰年生人月日時柱上有『乙卯』，亥卯未年生人月日時柱上有『辛酉』。這是一種五行毒氣，是以東南西北四方之專氣來刑剋出生年干。老百姓碰到了，容易會多遭是非，而又橫死。倘若旌鉞更與三公煞相會在同一柱上，主有特別超級貴命。現今(在當時)談論命理月德而不談多位煞星，我以為是偏見，所以在此提及了。

※**四方之專氣**：即指東方木氣，南方火氣，西方金氣，北方水氣。

53. 論劫煞亡神

【原文】

劫者，奪也，自外奪之之謂奪；亡者，失也，自內失之之謂亡。劫在五行絕處，亡在五行臨官，俱屬寅申巳亥。水絕在巳，申子辰以巳為劫煞，巳中戊土，劫水也。火絕在亥，寅午戌以亥為劫煞，亥中壬水，劫火也。金絕在寅，巳酉丑以寅為劫煞，寅中丙火，劫金也。木絕在申，亥卯未以申為劫煞，申中庚金，劫木也。古歌云：「劫煞為災不可當，徒然奔走名利場；須防祖業消亡盡，妻子如何得久長。」又云：「四位逢生劫又來，當朝振業逞儒魁；若兼官貴在時上，鯁直名標御史台。」又云：「劫神包裹遇官星，主執兵權助聖明；不怒而威人仰慕，須令華夏悉安榮。」

又云：「劫煞原來是煞魁，身宮命主不須來；若為魁局應當死，煞曜臨之不必猜。若是無星居此位，更於三合細推排；天盤加得凶星到，命似風燈不久摧。」

【解析】

『劫』的意思就是奪取。自外面搶奪的稱為『奪』。『亡』的意思就是丟失。自裡面丟失稱之為『亡』。『劫』星是在五行之氣的絕處（空無之處）。『亡』星是在五行臨官最旺之處，都屬於寅申巳亥之地。例如水絕於『巳』，申子辰以『巳』為劫煞。『巳』中的戊土會劫水（蓋住水）。火絕於『亥』，寅午戌以『亥』為劫煞。『亥』中的壬水會劫火（滅火）。金絕於『寅』，巳酉丑以『寅』為劫煞，這是因為『寅』中的丙火會劫金（火剋金）。木絕於『申』，亥卯未以『申』為劫煞，

『申』中庚金劫木(金剋木)。古歌裡講：『劫煞會生出災禍無法擋，會讓人在人生求取名聲和財富上做白工，必須要防止祖傳的家業被消耗殆盡，家庭中妻子及兒女也不會長久(指妻離子散)。』又說：『如果人的四柱上都逢生旺，但有一個劫煞，這是可以做政府振興朝綱的讀書人的首領，倘若還有官貴在時柱上，是一個性格耿直，可做言官監察委員的人。』又說：『劫煞與官星一起，會主掌兵權幫助領導人。外表很威嚴，會不怒而威，使人仰慕。是可以讓國家安泰繁榮的人。』又說：『劫煞原本就是首要的煞星，不能到身宮和命主裡，倘若為第一首要的煞星生旺，原本應當要死的，煞星降臨一定很凶是無須置疑的，倘若並沒有星在此煞位，更要在三合的位置上細細觀看清楚，在天盤中若有凶星在裡面，其人生命有若風中燭燈搖曳，不久就會被摧毀了。』

【原文】

水生木，申子辰以亥為亡神，亥中甲木、泄水也。火生土，寅午戌以巳為亡神，巳中戊土，泄火也。金生水，巳酉丑以申為亡神，申中壬水，泄金也。木生火，亥卯未以寅為亡神，寅中丙火，泄木也。古歌云：「亡神七煞禍非輕，用盡機關一不成；克子刑妻無祖業，仕人猶恐有虛名。」又云：「命宮若也值亡神，須是長生遇貴人；時日更兼天地合，匪躬蹇蹇作王臣。」又云：「皆言七煞是亡神，莫道亡神禍非輕；身命若還居此地，貧窮蹇滯過平生。凶星惡曜如臨到，大限渾如履薄冰；三合更須明審察，煞來夾拱必難行。」

【解析】

水會生木，所以申子辰以『亥』為亡神，是因為『亥』中甲木會泄水（木會吸水）。火生土，寅午戌以『巳』為亡神，是因為『巳』中戊土會泄火（使火變弱)。金生水，巳酉丑以『申』為亡神，是因為『申』中壬水會泄金(使金氣變弱)也。

木生火，亥卯未以『寅』為亡神，是因為『寅』中丙火會泄木(使木氣變弱)也。古歌中說：『命格中有亡神和七煞，會有嚴重的災禍。用盡機關算盡也不成，必會是刑剋子女、妻子，還會守不住祖業家產，做官的人由奇恐怕有虛名，而無實際作為。』又說：『命宮中若也有亡神，必須是有長生帶貴仁，在時柱日柱上更要有干支上下天地相合，可以做為了國家大事，而謇謇忠告直諫的王臣。』

又說：『都說七煞就是亡神，不要說亡神帶來的災禍不輕，身宮或命宮都有亡神在的話，一生是會過貧窮呆滯的生活的。命格中有凶星、惡星來臨到，大運是渾惡要如履薄冰般的小心翼翼的。如果在三合宮位上有亡神或煞星，或者是有煞星來相夾、相拱，人生都是不順利的。』

54. 總論諸神煞

【原文】

神煞，古有百二十名，其說穿鑿支離，造化恐不如是。除羊刃、空亡、劫煞、災煞、大煞、元辰、勾絞、咸池、破碎、羅網、衝擊、天空懸針、平頭倒戈等煞命中切要者，已備論於前矣，茲以諸星家考驗有理，復備敘于左。

自縊煞。此煞取五行反系處，如戌人巳，巳人戌，辰人亥，亥人辰，寅人未，未人寅，卯人申，申人卯，午人丑，丑人午，子人酉，酉人子是也。大忌相剋，天元是墓，更有天中、官符、大耗者，定凶。

水溺煞。此煞取丙子、癸未、癸丑上帶咸池、金刃、羊刃。蓋丙子納音水，又子為水旺之地，未為井宿之居，丑為三河之分，更納音剋身，決不可免。古歌云：『動煞剋身名顛墜，金神羊刃防同位。要知自縊最凶神，戌巳辰亥並寅未。子酉一例為凶煞，卯申丑未依前是。大忌空亡兼墓鬼，官符大耗仍須避。丙子癸未並癸丑，咸池金煞羊刃畏。五行若更來剋身，一死懸梁一溺水。』

【解析】

自古神煞有一百二十個，多半是穿鑿附會、支離不全的，所論的吉凶恐怕不像股文中說得一樣。除了羊刃、空亡、劫煞、災煞、大煞、元辰、勾絞、咸池、破碎、羅網、衝擊、天空懸針、平頭倒戈等煞星會命中切到要害的神煞，前面已談論過了，以前的命理學家已考核驗證有理論基礎了，我再次敘述於後。

自縊煞：自縊，上吊自殺，這個神煞是取五行反忌處。『反』是反常。『忌』是限制捆綁。例如戌年生人遇到『巳』，或巳年生人遇到『戌』。『戌』和『巳』，本是火生土的，但巳火入戌(墓地)。辰年生人遇『亥』，或是亥年生人遇到『辰』。『辰』與『亥』，水入墓地，困住亥。寅年生人遇『未』，未年生人遇『寅』，是『寅』入『未』墓。以上三種是以『墓』的方式加以限制。卯年生人遇『申』，申年生人遇『卯』，『卯』遇『申』是地支暗合，卯中的『乙』和申中的『庚』剛柔相濟暗合，也彼此限制。午年生人遇『丑』，或丑年生人遇『午』，『午』與『丑』是相生而相害，這種『穿害』稱為『官鬼相害』。午中有旺火會刑剋丑中之辛金，丑中之癸水也會刑剋午中丁火。子年生的人遇『酉』，酉年生的人遇『子』，這是子酉相破，是既相生又相破。『大忌相剋』是指年命與時柱納音相剋。『天元』

是日干。日干入墓(指在辰戌)，還有天中(指的是空亡)、官符、大耗一起的，一定很凶。

※**官符有兩種**，一種是五鬼官符，是歲前十二神煞之一。另一種是指亡神，亡神有個別名叫天官符。

※**大耗也有兩種**，一種是元辰大耗，另一種是沖歲大耗，也就是歲破。

水溺煞：溺水而亡的煞氣。『水溺煞』是在命格中四柱有丙子、癸未、癸丑上，再帶咸池、金刃、羊刃等神煞形成的。因為丙子納音澗下水，並且『子』為水旺之地，『未』為井宿之居(井宿為南方七星中的雙子星)，『丑』為三河之分界，更因為有納音剋身的問題，是故煞氣決不可免。古歌裡說：『煞星動起來會剋本命，其人名望會下跌墜落，金神(指庚金)的羊刃(是酉)不可與水逆煞的星一起。要知道『自縊』是最凶的神煞，命格中地支有『戌、巳、辰、亥』並遇到有『寅、未』。及『子、酉』的例子為凶煞，

『卯、申、丑、未』也跟前面一樣。**大忌**(年命與時柱)裡有空亡，還有墓鬼(指辰戌)，神煞官符及大耗也仍須迴避。命格中的『丙子、癸未』及『癸丑』，是怕碰到『咸池、金煞(庚金)、羊刃』的。倘若命格中又有五行相剋本命，這是會一種是懸樑自盡，一種是溺水而亡。』

【原文】

挂劍煞。此煞取巳酉丑申四柱純全者是，或重帶巳酉丑亦是，更犯官符、元辰、白虎、金神等類，五行刑剋本命者，主兇暴殺人，或反為人所殺。詩曰：『巳酉丑申金氣全，從革局多名挂劍。元亡金虎並剋身，縱不殺人身豈免。』

天火煞。此煞取寅午戌全而天干有丙丁五位中全不見水者是，有水則非。若年運至火氣生旺處，當防火災。詩曰："寅午戌全號天火，不見丙丁猶自

可；五位都無一水神，生旺臨年災厄火。"余命寅午戌全，月干有癸行戊午運，戊癸化火，甲戌年、甲戌月遂遭火災。

天屠煞。此煞除子日午時，午日子時外，自餘丑曰日亥時，亥日丑時，寅日戌時，戌日寅時，卯日酉時，酉日卯時，辰日申時，申日辰時，巳日未時，未日巳時，依次逐兩位數之。君子犯者，主異疾，腸風腳氣；小人折損肢體。重犯者，主徒配。

天刑煞。此煞取子丑人乙時，寅人庚時，卯辰人辛時，巳人壬時，午未人癸時，甲人丙時，酉戌人丁時，亥人戊時，取時刑剋本命。犯者遭刑有疾。

雷霆煞。正七二八子寅方，三九四十辰午當；五十一申六二戌，必主雷轟虎咬亡。又云："正七下加子，二八在寅方，三九居辰上，四十午位傷，五十一申位，六十二戌方。"正月起，子順行六陽位。

此煞人命格有之，逢祿，貴；吉星臨壓，則吉，好行陰騭，為法官掌雷霆行符敕水之人，或成佛作祖之輩。如遇羊刃、的煞、飛廉等會，命限必凶，主墮于天真雷傷、虎啖、天譴、瘟疾或溺水、囹圄死。

【解析】

挂劍煞：挂劍煞是用『巳、酉、丑、申』四個完全在四柱上就是『挂劍煞』。亦或重複帶有『巳酉丑』也算是。倘若更犯有『官符、元辰、白虎、金神等類的神煞，在五行上又刑剋本命者，主其人會兇暴殺人，或反為人所殺。有詩上說：『巳酉丑申是全屬金氣，為「從革格」局，多稱為「挂劍」。本命元辰被屬金的老虎滅亡了，並且還刑剋本命，縱然不殺人其人身體怎會免災。』

天火煞：『天火煞』是用『寅、午、戌』三者全有，而天干上要有『丙丁』，上述五位中全不見水的就是，有水則不是。倘若年運到火氣生旺處，要防火災。詩上說：『有寅午戌三個全有的稱作『天火』，倘若不見『丙丁』還可以；五位都無一個屬水的干支，這是火太生旺，臨到火年會有火的災厄。』我的命格是『寅午戌』全有，月干上有『癸』，走『戊午運』時，戊癸相合化火，在『甲戌年』的『甲戌月』遂遭遇火災。

天屠煞：『天屠煞』是除了『子日午時』，『午日子時』外，還有『丑日亥時』，『亥日丑時』，『寅日戌時』，『戌日寅時』，『卯日酉時』，『酉日卯時』，『辰日申時』，『申日辰時』，『巳日未時』，『未日巳時』，依次相繼向下算兩位數之。有德行的君子犯了這天屠煞，主其人有怪病，例如得腸風或腳氣病。德行不好的小人犯了這天屠煞，會身體受傷折損肢體殘障。嚴重的犯者，主有犯罪徒刑發配遠方坐牢。

天刑煞：『天刑煞』是用『子年丑年生人』生在『乙』時，寅年生人生在『庚』時，『卯年辰年生人』生在『辛』時，『巳年生人』生在『壬』時，『午年未年生人』生在『癸』時，『甲年生人』生在『丙』時，『酉年戌年生人』生在『丁』時，『亥年生人』生在『戊』時，這是以『時干』刑剋本命。犯者會遭受刑剋有疾病。

雷霆煞：『雷霆煞』(即天耗星)是在河圖卦象是正七、二、八在『子、寅』方，河圖卦象三、九、四、十在『辰和午』。河圖卦象五、十、一在『申』，六、二在『戌』，必會被雷轟閃電店死或被老虎咬死。又說：『正七下加子，二八在寅方，三九在辰上，四十在午位刑傷，五十一在申位，六十、二在戌方。』從正月起，由『子』順行六陽位(指子寅辰午申戌六個陽位)。

此煞人命遇之，如逢祿，貴，吉星臨壓，則吉，好行陰騭，為法官掌雷霆行符敕水之人，或成佛作祖之輩。如遇羊刃、的煞、飛廉等會，命限必凶，主墮于天真雷傷、虎咬、天譴、瘟疾或溺水、囹圄死。

『雷霆煞』若人的命格遇到，假如再逢到祿星，貴星，有吉星臨門壓制，則屬吉，喜歡暗地做好事不為人知，如果做法官掌雷霆大權或施行符敕水(道士趨魔)之人，或信佛教成佛作祖師爺之輩。假如遇羊刃、的煞、飛廉等凶星相會，命限流年必定凶險，主會天上墮下大雷電打傷、老虎咬啖吃掉、被天譴、或患瘟疾或溺水、囹圄坐牢而死。

※河圖卦象

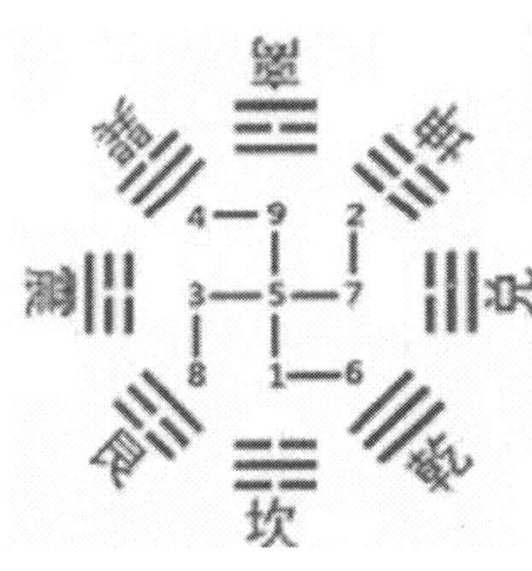

【原文】

吞陷煞。豬犬羊逢虎必傷，猴蛇相會樹頭亡。犬逢雞子遭徒配，兔趕蛇歌走遠鄉。鼠見犬來須惡互，馬牛遇虎定相戕。兔猴逢犬難回避，龍來龍上水中殃。凡人若值臨時日，三合為災仔細詳。《原注：以年支為主》

官符煞。取太歲前五辰，是日時遇之。平生多官災，更並羊刃，乃刑徒之命。若官符落天中，多邪誕不實，名妄語煞。

病符煞。取太歲後一辰，是犯者多疾病。行年遇之，亦然。

死符煞。取病符對沖，是月時日犯之，無貴神解救，兇惡短折。

喪吊煞。一名橫關煞。取命前二辰為喪門，命後二辰為吊客，其或太歲凶煞並臨大小運限，必主禍。古詩云："五官六死十二病，三喪十一吊來臨。"可見此十二宮一太歲歌，不惟命犯不吉，流年尤凶。若月有羊刃來佐，凶煞臨時，則橫關也。古歌云："橫關惡煞少人知，月祿凶神又及時；縱有吉星重疊至，不遭刑戮也頃危。"

【解析】

吞陷煞：亥年、戌年、未年生的人逢到虎年(寅年)一定會被刑剋受傷。申年或巳年生的人又逢巳或申，容易在樹上上吊。狗年(戌年)生人逢到雞(酉年)、子(鼠年)，容易犯罪遭徒刑發配邊疆。兔年(卯年)生的人遇到蛇(巳年)，會到遠方遠遊。屬老鼠(子年)的人遇到狗年(戌年)會有相互憎惡的事。馬年(午)牛年(丑)生的人遇到屬老虎的人會相互攻擊。兔(卯)猴(申)生人逢到犬(戌)難(酉)因相互刑剋而不好回避，龍(辰)來龍(辰)上水中殃(此指雙辰相會水多)。凡事有人命格中有上述條件在時柱或日柱上的，在三合的位置為災也算，要仔細詳批。《原注：以年支為主》

官符煞：取年支前五個地支，在日時尚遇到，一生多犯官司。更加上羊刃，會有徒刑。倘若有官符，會說邪惡荒誕不實的話。

病符煞：取年支後一個地支。犯煞者多生疾病，流年遇到也會生病。

死符煞：取病符煞對沖的地支為之。在月時日犯之，沒有貴神解就，會凶惡短壽。

喪吊煞：又稱橫關煞。取年支前兩位為喪門。取年支後兩位為吊客。或者是流年凶星和大小限一起，必有災禍。古詩說：『五個官煞六個死符十二個病災，三個喪門，十一個吊客會來臨。』(這是指一旬十二年之中)可見這種十二宮太歲歌，不只把命運中會遭不吉的運氣，和流年也凶的事都說到了。倘若有羊刃來幫助，煞星在時支上，就是『橫關』。古歌上說：『橫關的凶惡很少人知，月上有祿又有凶星，縱然吉星雙倍來了，不被刑客至死也也倒下去了。』

【原文】

宅墓煞。命前五辰為災，命後五辰為墓，怕宅墓受歲劫等煞來破本命之災。主呻吟。

日刑煞。以本生日上數甲子，本日干住。陽干順數，陰乾逆數。若在命宮，主極刑；三合，主徒配；對宮，主外死。

流血煞。以本生月起，子順數至本年住。若在命宮、三合、對宮、主癰疽，庶人徒配，婦人產厄。

劍鋒煞。甲子旬劍辰鋒戌，甲午旬劍戌鋒辰，甲寅旬劍午鋒申，甲申旬劍子鋒寅，甲辰旬劍申鋒午，甲戌旬劍寅鋒子。隨在各宮斷，如第五宮露，損子；第四宮露，損田宅。

戟鋒煞。正月起甲，二月乙，三月戊，四月丙，五月丁，六月己，七月庚，八月辛，九月戊，十月壬，十一月癸，十二月巳，逐月旺干加臨，日時帶兩重者，凶；更與懸針相見，主決配傷殘。

浮沈煞。從戌上起，子逆行至本生年位，卻從年宮數，看在何宮。只在財帛宮，名串錢，主富蓄。餘皆凶。甲乙己庚壬人犯之，稍輕；丙丁戊辛癸人犯之，重。在寅午申未年中，此煞多主水厄。仍各隨宮分論災，如在田宅，則主破祖。余宮類推。

【解析】

宅墓煞：凡命格中命前(日主)前五個星辰為『災星』，日主後五個星辰為『墓』，害怕有宅墓受歲劫(流年劫煞)等煞來沖破本命之災。主其人呻吟(哀哀叫)。

日刑煞：在本出生日上數甲子，數到本日干停住。是陽干就順數，是陰乾就逆數。若『日刑煞』在命宮，主有極痛苦之刑罰；日刑煞在三合位置，主其人會犯罪判徒刑流配；日刑煞在對宮，主其人客死異鄉。

流血煞：以其人出生月起算，從『子』順數至本生年停住。若『流血煞』在命宮、或在三合位置、或在對宮。主其人會生腐肉潰爛，老百姓會犯罪遭判刑坐牢發配邊疆。婦人有生產之災厄。

劍鋒煞：在甲子旬鋒煞在『辰』鋒煞在『戌』，在甲午旬中劍煞在『戌』鋒煞在『辰』，在甲寅旬中劍煞在『午』鋒煞在『申』，在甲申旬中劍煞在『子』鋒煞在『寅』，在甲辰旬中劍煞在『申鋒煞在『午』，甲戌旬中鋒煞在『寅』鋒煞在『子』。依次在各宮來判斷，例如在第五宮顯露出來，會損害子女(生不出兒子)；在第四宮顯露出來，會損害田產房宅。

戟鋒煞：正月起甲，二月乙，三月戊，四月丙，五月丁，六月己，七月庚，八月辛，九月戊，十月壬，十一月癸，十二月巳，逐月旺干加臨，日時帶兩重的人，主凶。更與懸針煞相見的，主其人會犯罪發配，有傷殘。

浮沈煞：從『戌』上起算，數『子』逆行至本生年位，卻從該年宮數，看在何宮。此煞只在財帛宮，名『串錢』，主富蓄。在其他宮為皆凶。『甲乙己庚壬』年生人犯之，稍輕。『丙丁戊辛癸』年生人犯之，較重。在『寅午申未』年生人中，此煞多主水厄(溺水)。仍然各隨宮位來論災。例如在田宅，則主破祖。餘宮類推。

【原文】

破煞。此煞，卯與午，丑與辰，子與酉，未與戌，皆相破。惟寅申巳亥原破，卻三合，故不取，犯者主少年災滞，財産耗散，兼有折傷之災。

返本煞。五行無貴氣，下剋上為返。歌曰："五行死絕並來時，有格如閑福不隨；更忌日時剋年主，定無官貴切須知。"如甲子金命得戊午日，又胎月日時多帶寅巳，犯者定主孤立，或富或貴，一旺便剋，傷父母尊長。

陰陽煞。女屬陰而喜陽，命得戊午旺火為正陽。男屬陽而喜陰，命得丙子旺水為正陰。是陰陽和暢，故男得丙子，平生多得美婦人；女得戊午，平生多逢美男子。日上遇之，男得美妻，女得美夫。大忌元辰、咸池同宮，不論男女，皆淫。如男得戊午，多婦人相愛；女得丙子，多男子挑誘。更看有無貴賤消息。

淫欲妨害煞。《壺中子》云"老醉秦樓十二，直緣重犯八專；少亡楚甸八千，應是疊逢九丑。"蓋言八專為淫欲之煞，九丑為妨害之辰。八專乃甲寅、乙卯、己未、丁未、庚申、辛酉、戊戌、癸丑是也。日上有不正之妻，時上有不正之子。女人犯者，不擇親疏；犯多者尤緊。九丑乃壬子、壬午、戊子、戊午、己酉、己卯、乙卯、辛酉、辛卯是也。婦人犯者，主產厄；男犯，多丑不令終。

孤鸞寡鵠煞。古歌曰："木火逢蛇大不祥，金豬何必強猖狂；土猴木虎夫何在，時對孤鸞舞一場。"乃乙巳、丁巳、辛亥、戊申、甲寅，又丙午、

戊午、壬子等日。男剋妻，女剋夫。陰陽差錯煞。乃丙子、丁丑、戊寅、辛卯、壬辰、癸巳、丙午、丁未、戊申、辛酉、壬戌、癸亥十二日也。女子逢之，公姑寡合，妯娌不足，夫家冷退；男子逢之，主退外家，亦與妻家是非寡合。其煞不論男女，月日時兩重或三重犯之，極重；只日家犯之，尤重，主不得外家力，縱有妻財，亦成虛花，久後仍與妻家為仇，不相往來。

【解析】

破煞：此煞，**四柱上有『卯與午』，『丑與辰』，『子與酉』，『未與戌』，上述皆相破**。惟『寅申巳亥』為原破，卻形成『三合』，故不取。犯此煞者主少年有災停滯，財產耗散，**兼有骨折體傷之災。**

返本煞：因命格中五行無貴氣，下剋上為『返』。歌曰：『命格中五行死絕並來時，有格局但為閑局有福不隨。更忌日柱時柱剋年柱，肯定是無官貴必須要知道的。』例如：**甲子金年命得『戊午』日，又胎月日時多帶『寅巳』**，犯此煞者定主孤立，或富或貴，一旺便受剋，損傷父母尊長。

陰陽煞：女子屬陰而喜陽，女子命格得『戊午』旺火為正陽。男子屬陽而喜陰，男子命格得『**丙子**』旺水為正陰。是陰陽和暢，因此男子命格中得『丙子』，平生多半娶得美妻。女子命格得『**戊午**』，平生多碰到美男子。日柱上遇到，男得美妻，女得美夫。大運忌元辰、咸池同宮，不論男女，皆淫。如果男子得『**戊午**』，多外遇及遇有婦人相愛；女子得『**丙子**』，多遇有男子挑逗誘惑。更須看有無配偶主貴賤的消息。

淫欲妨害煞：《壺中子》一書中說：『老醉秦樓十二，直緣重犯八專；少亡楚甸八千，應是疊逢九丑。』是說『**八專**』為淫欲之煞，『**九丑**』為妨害之煞星。『八專』是『**甲寅、乙卯、己未、丁未、庚申、辛酉、戊戌、癸丑**』等。這表示在日柱上會有不正之妻，在時柱上會有不正之子。女人犯此煞者，不擇親疏而犯淫。犯多的者尤嚴重。『**九丑**』乃『**壬子、壬午、戊子、戊午、己酉、己卯、乙卯、辛酉、辛卯**』是也。婦人犯此煞者，主生產有災厄。男子犯此煞者，多醜事不善終。

孤鸞寡鵠煞：古歌中說：『木火逢蛇(巳)大不祥，金豬(辛亥)何必強猖狂；土猴(戊申)木虎(甲寅)夫何在，時對孤鸞舞一場。』乃『**乙巳、丁巳、辛亥、戊申、甲寅，又丙午、戊午、壬子**』等日。男剋妻，女剋夫。

陰陽差錯煞：乃『**丙子、丁丑、戊寅、辛卯、壬辰、癸巳、丙午、丁未、戊申、辛酉、壬戌、癸亥**』十二日也。女子逢到，與公婆不合，妯娌不足(處不好)，夫家冷退(零落)；男子逢之，主與外祖家不來往，亦與妻家多是非寡合。其煞不論男女，『月日時』有兩重或三重犯之，極重。只日柱犯之，特別重。主不得外祖父母家之力，縱有妻財幫忙，亦成虛花（耗財），久後仍與妻家為仇，不相往來。

【原文】

臨官遇劫名桃花煞。主好酒色。

返吟遇梟名短壽煞。主傷妻子。

桃花紅豔煞。亥卯未在子，巳酉丑在午，寅午戌在卯，申子辰在酉，為桃花煞。甲乙逢午、丙寅、丁未、戊子、己辰、庚戌、辛酉、壬巳、癸申，為紅豔煞，女命最忌之。

以上諸煞，凡言剋身，謂凶煞，下納音，剋生年。太歲納音臨身，謂凶煞一帶太歲納音于本位也。太歲納音為身，若身被剋被臨於死、敗、絕位，便遭不測之災；若但在身有氣處被剋，災重，被臨則輕。惟太歲納音剋煞則吉。如人命已入貴格，緊要處帶煞，有福神助之，則名為權柄；無福神助之，又煞氣乘旺，遞互往還，或刑剋本主，下賤惡死。

【解析】

『臨官遇劫煞』稱為『**桃花煞**』。主喜好酒色。

『返吟遇梟(偏印)』稱為『**短壽煞**』。主傷妻子。

桃花紅豔煞：亥卯未年生人在『**子**』，巳酉丑年生人**在**『**午**』，寅午戌年生人在『**卯**』，申子辰年生人在『**酉**』，**為桃花煞。甲乙年逢午、丙寅、**

丁未、戊子、己辰、庚戌、辛酉、壬巳、癸申，為紅豔煞，女命最怕有此煞，人雖美但感情不順，人生坎坷不定。

【原文】

又云，一切福神所居之位，則欲生旺，生旺則榮貴；一切煞神所居之位，則欲死絕，死絕則善終。又云，凡福神欲令得旺氣，忌有敗之者；凡凶神欲令得衰氣，忌有助之者。又云，相沖相破，三合六合，命中有之，即求五行相得何如。或禍中生福，福中生禍。如死絕復生，空亡受破，相剋相成，則禍中生福，反此，則福中生禍。

《命書》云：”道途賤吏，豈無驛馬攀鞍；市井博徒，亦有三奇夾貴。“子平云：”君子格中，也犯七煞陽刃；小人命內，亦有正印官星。“由是觀

之，吉凶神煞，不可拘定；輕重較量，要在通變。大抵凶煞所居，於神不宜帶真鬼；剋傷本身，雖見官星，尚變為鬼，況是真鬼。其為災禍，明矣！

【解析】

又說：所有福神、吉神所在的位置，都應該要生旺才對，吉星生旺了就有榮華富貴；所有的煞星所在之位置，都應該要在死位或絕氣的位置，煞星在死位或絕氣的位置則其人才容易有善終。又說，凡是福神、吉神都應該讓它欲得到旺氣，忌諱有敗氣(耗氣)；所有的凶煞神都要讓它得到衰弱之氣，忌諱有幫助它的氣。又云說，命格中有相沖或相破，或有三合或六合，在命格中，就要讓五行平衡相得益彰。命格中或許有災禍中生福氣的，或是福氣中生災禍的。譬如五行之氣在死絕之處又再復生出，或有空亡、有相破，或有相剋卻相成，這就是災禍中生福氣，反過來，就是福氣中生災禍了。

巫咸撮要詳析

《命書》上說：『在街上奔忙的小官吏，怎麼會沒有驛馬、攀鞍兩顆星。在市場上井底之蛙的賭博流氓，也會有三奇夾貴命。』**子平說：**『君子命格中，也會犯七煞跟陽刃。小人的命格內，也會有正印跟官星。』由此看來，吉和凶的神煞，不可限定；孰輕孰重不可較量，常要在看命格時變通一下。大多是凶煞所在的地方，如果是神煞不可帶真的鬼；會刑剋傷害本命，雖然命格中有官星，尚且會變成為鬼，何況是真鬼（有害會刑剋的官星）。它會成為災禍，是很明顯的了！

《巫咸撮要》詳析完

易經美學

考試你最強

法雲居士⊙著

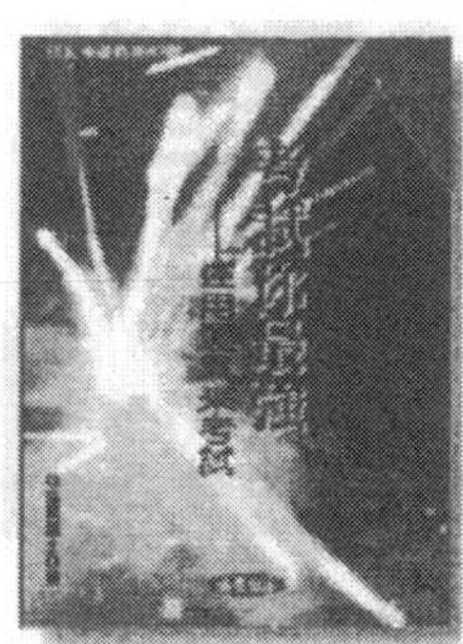

讓老天爺站在你這邊幫忙你考試老天爺給你一天中的好時間、給你主貴的『陽梁昌祿』格、給你暴發的好運、給你許許多多零碎的、小的旺運來幫忙你 K 書、考試，但你仍需運用命理的生活智慧來幫你選邊站，老天爺才會站在你這邊！

如何運用運氣來考試運氣是由許多小的時間點移動的過程所形成的，運用及抓住好的時間點，就能駕馭運氣、讀書、K 書就不難了，也更能呼風喚雨，任何考試都讓您手到擒來，考試運強強滾！考試你最強！

法雲居士⊙著

偏財運的暴發能量 ＝ 人的質量 × 時間^2
（本命帶財）

會中樂透彩的人，必有其特質，
其中包括了『生命財數』與『生命數字』。
能中樂透彩的人必有暴發運，
而世界上有三分之一的人擁有暴發運。
因此能中樂透彩之人，必有其數字金鑰及
生命密碼。如何運用這個密碼和金鑰匙
打開生命中的最高旺運機會，
又將在何時掌握到這個生命的最高峰，
這本『樂透密碼』，
將會為您解開『通往幸運之門的答案』！

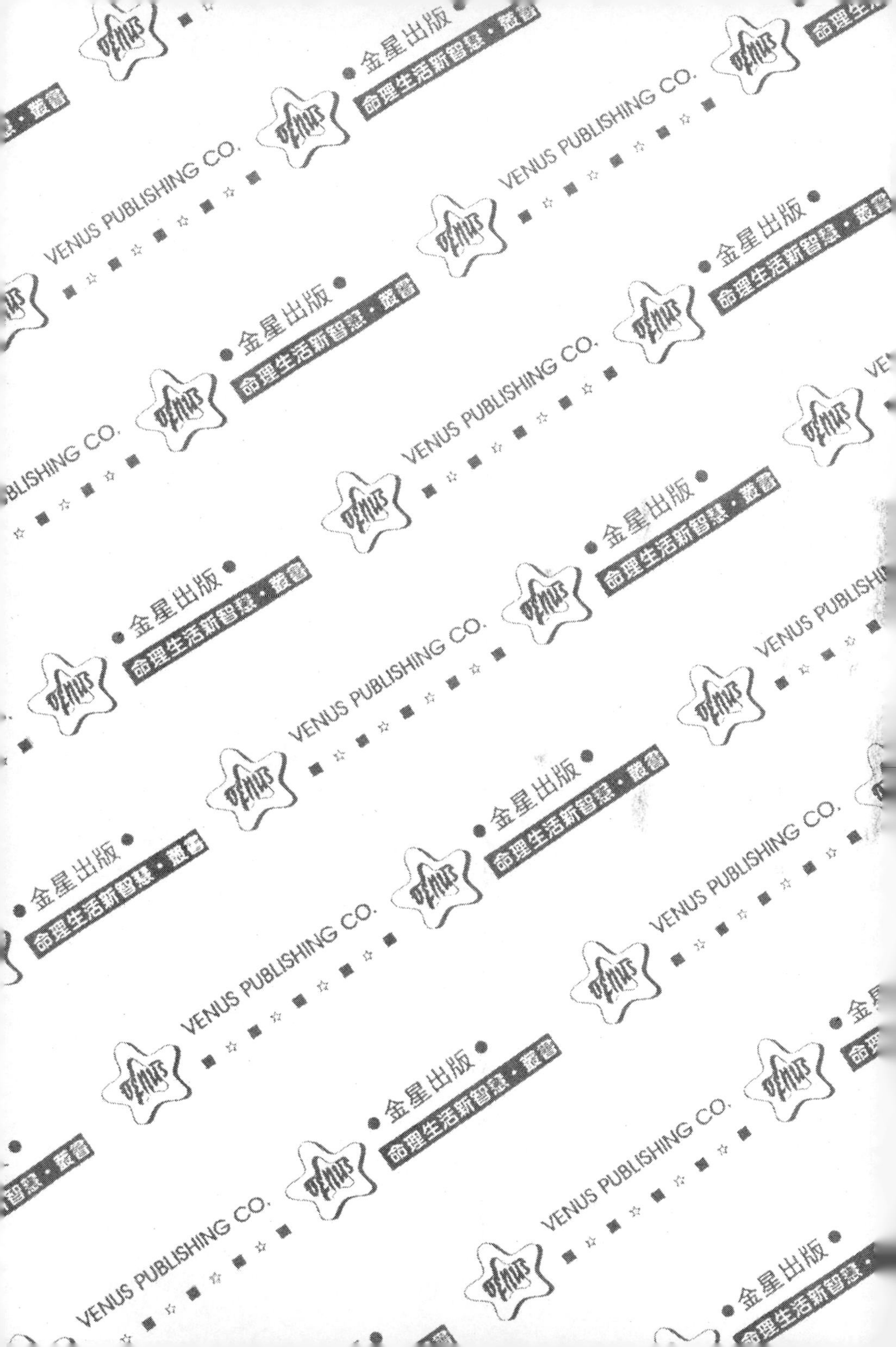

VENUS PUBLISHING CO.
金星出版
命理生活新智慧・叢書